不動産投資スタートアップ講座

不動産投資の正体

シー・エフ・ネッツ ゼネラルマネージャー
猪俣 淳 CPM[R] 著

住宅新報社

～不動産投資スタートアップ講座～
「不動産投資の正体」

不動産投資の
構造まるわかり。
絶対に落とせない
最重要ポイントを
「超」カンタンに
理解する入門書

もくじ

1. はじめに　　　　　　　　　　　　　　　　　　　　4

2. そもそも、なぜ不動産投資を選ぶのか？　　　　　　8

3. やらない選択肢もあるが　　　　　　　　　　　　　20

4. 不動産の仕事はいろんな人生に関わりあいます　　　28

5. 人口減少と供給過剰のなかでもやれるのか　　　　　32

6. 不動産投資はどうやって進めるか　　　　　　　　　64

7. 自己資金ごとの投資パターン　　　　　　　　　　　98

8. よくある失敗のパターン・原因・解決策　　　　　　112

9. どんな投資が向いているか　　　　　　　　　　　　144

10. これだけは絶対知っておいたほうがいい不動産投資の3つの仕組み
　　　　　　　　　　　　　　　　　　　　　　　　　150

11. 最後に　　　　　　　　　　　　　　　　　　　　162

　　あとがき「お金の話」　　　　　　　　　　　　　166

　　巻末特集「誰も書かなかった不動産投資の出口戦略・組合せ戦略」
　　　　　ダイジェスト　　　　　　　　　　　　　　194

1

はじめに

1 はじめに

　今回の本の題名は『**不動産投資の正体**』です。
　不動産投資が、サラリーマンをはじめ多くの皆さんにとって一般的な投資のひとつとして市民権を得てからかなりの年数がたちました。
　そのあいだ、様々な投資手法が生まれ、支持され、普及した結果、多くの成功者が輩出すると同時に、残念な結果を招いてしまっている方も多く生み出す結果となってしまっています。
　いろいろな投資家がいろいろな手法で不動産投資を行い、それを書籍やブログやＳＮＳで公開し、そのノウハウが拡散し……
　情報の母数が増えれば増えるほど何が正しいかがわからなくなり、まさに不動産投資の正体が見えなくなってしまうのです。

　自分自身でも不動産投資・大家業を行う一方、職業としてそういった皆さんのコンサルを毎日のようにしていますが、「基本的な不動産投資の仕組みを知らずに、ごくごく断片的な偏った側面だけをとらえて、それを成功ノウハウとする」ということが、この問題の本質であると気づき、2010年秋『**誰も書かなかった不動産投資の出口戦略・組合せ戦略**』（住宅新報社）を上梓しました。

　私が個人的に所有する実際の物件をモデルケースに、購入したときにした投資判断、税金の問題、出口（売却）の考え方、資本改善による投資価値上昇の判定、異なる特徴をもった複数の物件によるポートフォリオ組成の効果測定など……不動産投資に必要な知識を具体的に、なるべくわかりやすく知ってもらうというのが前著の目的です。

　手にとっていただいた方が、ご自身でお持ちの物件、あるいは検討中の物件の持つ様々な条件をあてはめ、数値化した投資判断ができるようにという「道具（ツール）」としての側面を色濃く持つ書籍でもあります。

専門的な投資指標や計算式がページのかなりの部分を占め、一見、とっつきにくそうな印象を受けるという声を数多く聞きますが、おかげさまで改訂や増刷を重ね、この手の本では異例の１万部を数えるようになりました（2013年２月現在）。

　このたび、「とはいえ、こういった本格的な投資分析を学ぶことに対し、ハードルを高く感じている」という、多くの皆さんのために、中・上級者向けともいえる同書のエッセンスはそのままに、初心者用の入門書として最低限必要で、なおかつ重要なポイントを単純明快に解説する書籍が必要、という出版社をはじめとした多くの方々からの依頼があり、ここに本書を書き下ろす運びとなりました。

　内容は、「考え方」の理解に重きを置いていますので、具体的な計算方法や投資判断の手法などを深く知りたいという方は、ぜひ拙著『誰も書かなかった不動産投資の出口戦略・組合せ戦略』を手に取ってみてください。より、理解が深まることと思います。
　また、前著をすでにお読みの皆さんにとっても知識の整理という意味合いではとても役に立つ本と自負しています。

2

そもそも、なぜ不動産投資を選ぶのか？

2 そもそも、なぜ不動産投資を選ぶのか？

不動産投資とはどんな投資か

1) **流動性**：基本的には低い。でも、地域や物件によっては流動性の高いものもある。
2) **効率と安全性**：投資によって違う。効率と安全性は反比例するように思われているが、どちらも良い投資、どちらも悪い投資がある。
3) **キャピタルかインカムか**：好況時にはキャピタルに、不況時にはインカムに注目されるが、どちらも重要。
4) **自分の時間をどの程度取られるか**：基本的に、運営の仕組みが整備されていて自動操縦が可能。
5) **コントロールできる範囲**：資本改善・ファイナンス・入居者サービス・出口など、自分の裁量で投資を作り込みできる数少ない投資。

　この本は不動産投資についての本ですが、私自身は投資は別に「不動産」に限る必要はないと考えています。ファイナンシャルプランナーでもありますし、不動産証券化マスターでもありますので、様々な投資の長所や短所があることも理解しているつもりです。

　一般的に選択肢として考えられる投資は以下のものでしょうか……。①預貯金　②株式（国内株・国外株）　③債権（個人向け・国債）　④投資信託　⑤外国為替証拠金取引（ＦＸ）　⑥先物取引　⑦ネットビジネス　⑧貴金属　⑨ＲＥＩＴ　⑩収益不動産（現物）など。
　私が、投資を比較検討するときに注目するのは、次の５つのポイントです。

1) **流動性**：現金化しやすいか
2) **効率と安全性**：ちゃんと儲かるか、損しないか
3) **キャピタルかインカムか**：どのタイミングで、いつ儲かるか。どちらで儲けるか。
4) **自分の時間をどの程度取られるか**：重要な収入源である仕事の収入

を減らしてしまわないか。また、ある意味、時間はお金よりも価値が高いものです。
5）コントロールできる範囲：主体的にかかわれるか

不動産投資はどんな投資かというと……

1）流動性
　基本的には他の投資に比べて流動性は低いといわれています。現金化するためには、
　① 評価の鑑定や査定を行って
　② 仲介業者を選定して、販売のための媒介契約を結び
　③ ＲＥＩＮＳやポータルサイトを通じて広告活動を行い
　④ 見込み客が発生したら
　⑤ 現地を見たり、金融機関に打診したりと検討をしてもらい
　⑥ 購入意思があれば、諸条件のすり合わせを行い
　⑦ 合意に至れば、売買契約を結び
　⑧ 金融機関に対し、買主が融資の正式申し込みを行い
　⑨ 審査に通れば残代金決済・登記・引渡し
……という流れになります。

　⑦の売買契約から⑨の引渡しまでで最低1か月。契約後、融資審査に不合格となれば、また③の広告活動に逆戻りです。そして、③の広告活動から⑥の購入意思がある契約予定者と諸条件のすり合わせという段階になるまでの期間は、物件によってまちまちです。

　なかには、売りに出して数日で複数の購入申し込みが入る場合もあります。こういったケースでは、「流動性が低い」という表現は当てはまらないかもしれません。
　都心の区分マンションで利回りが通常よりも数％高いものなどはこういったことが頻繁に起こりますが、その場合、売主にイニシアチブが発生しますので、「ローン特約（もしも融資が否認されたら手付金を返却するという特

約）を付ける買主とは契約しない」ということが多く見受けられます。

　そうすると、現金決済ということになりますので、③売り出しから⑨現金化までの期間は数日ということになり、場合によっては外貨預金や株を現金化するよりも早い場合があります。

　逆に、この期間が数年にわたっていて、この先も一向に売れる気配がないという物件も数多くあります。こういう場合は「流動性が非常に低い」あるいは「流動性がない」ということになります。

　たとえば、山林や崖地などで利用できる状態にするまでにかかるコストが、利用価値以上にかかるものなどは、流動性が非常に低くなります。
　あるいは、利用頻度に対して維持管理費が非常に高くつく別荘やリゾートマンションなども、流動性の低い物件の好例でしょう。

　同様に収益物件でいえば、誰も借り手がない場所に建つアパートやマンション、維持管理コストが収入に対して過剰にかかる物件などは、やはり食指を動かす投資家が相対的に少なくなりますので流動性が低くなります。

　ただ、「表面利回り」（年間賃料÷物件価格）、「満室想定」（現在の空室が募集家賃そのままで運よく全て埋まったら、いくらの賃料になるかという想定）だけで判断する投資家は上記の問題点を見落としますので、こういった物件に喜んで手を出すケースも少なくありません。

　もし、こういった物件を手に入れて、問題点に気づき、売却の出口を取る場合、更地化や用途変更での需要ならある（こういった物件の場合、それでも難しい場合がほとんどですが）といった代替案がもしもないならば、あきらめて保有し続けるか、次にババを引いてくれる投資家を気長に待つしかないということになります。

　つまり、不動産投資は「流動性」の部分では、**「売ろうと思った時に、（更地や用途変更も含めて）次の買い手がちゃんと見つかるかどうかといった、**

場所や物件の選定を間違えないこと」が押さえるべきポイントということです。

2）効率と安全性

　効率と安全性は反比例（儲かる投資は危険・安全な投資は儲からない）するように思われていますが、特に不動産投資の場合は「どちらもよい投資」、「どちらも悪い投資」というものがあります。不動産投資の本質は、「賃貸用不動産を取得して、それを貸し付ける事業」ですから特有の要素がそこにはあります。

　たとえば、貸付賃料の妥当性や変動、空室や滞納による損失、固定資産税や管理会社に支払う費用、建物を維持するための修繕コスト、さらには所得税・住民税や事業税といった税金も忘れてはいけません。
　そういった事柄は、ほかの投資と比較した場合、その特殊性ゆえに多くの投資家が見落としている部分でもあります。

　その投資がどのくらいの利益を得るパフォーマンスを持っているのか、金利上昇や空室に対してどのくらいのリスク許容度があるのかといったことを丸裸にするために、様々な投資分析手法がもちいられます。

　一見、物凄い投資パフォーマンスがあるように見えて、実は長期国債や定期預金にも満たない利回りしかもたらさない投資で、しかも数億円の負債を負うことになるものも少なくありません。また、目立たない投資でも数値分析にかけてみると、じつは非常に大きな利益を、少ないリスク負担で実現できる場合もやはり数多く見つけることができます。

　つまり、「効率と安全性」の部分では、**「正しいモノサシで投資をしている投資家がまだ少数派であるがゆえ、それが自分自身にとって別次元の優位性をもたせることを可能にする」**ということが押さえるべきポイントということです。

3）キャピタルゲインかインカムゲインか

どのタイミングで、いつ儲かるか。どちらで儲けるかということです。キャピタルゲインは購入価格と売却価格の差益です。インカムゲインは投資自体から発生する配当や売り上げなどの利益です。

不動産投資の場合、平成バブルを例に挙げるまでもなく、好景気の時には「キャピタルゲイン」（値上がり益）が注目されます。また、不況の時には「インカムゲイン」（キャッシュフロー）に重点が置かれます。

好景気の時にインカムゲインを多くとる投資もあり得ます。たとえば、賃料はインフレ同調性がありますが遅行しますので、まだ賃料水準が市場に追いついていない物件を取得して、リフォームや設備の更新などの資本改善によって収入を上げていくといった手法は有効です。

不況の時にキャピタルゲインを得る投資も可能です。
売るときも買うときも価格を決定するのは、皆さんが思うのと一緒で
(1) その投資をするといくらの現金収入が得られるのか
(2) その投資は、どの位の利回りがあれば投資をする価値があるのか
……という二つの要素です。さらに、(2)の求める利回りのなかには、「少なくとも安全利回り（長期国債など）よりも利回りが高くないと投資する意味がない」とか「その投資のリスクが高ければ、それなりのリターンがないと嫌だ」とか「正味の収入が、買った後でどんどん下がるようだったらその分利回りが高くないと嫌だ」といった投資家の思惑が含まれているわけです。

と、いうことは、不況時の市場においても、リスクを取り払うことによって物件の価値を上昇させてキャピタルゲインを得ることができるということです。
そして、リスクを取り払う施策は多くの場合、賃料が下げ止まったり、稼働率が上がったりと、将来も含めその投資から得られる現金収入を増加させますのでこの価値上昇に相乗効果をもたらします。

ただし、リスクは「改善できるリスク」であることが大前提です。また、「それによって生じる価値や収入の上昇と比較して過大でないコスト」で取り払うことができるかという点も重要です。

　また、投資家によって必要とする利益もタイミングも違います。不動産投資の場合、インカムゲインは物件の引き渡しを受けてすぐに入り始める利益（納税や運営経費の支払いが後から来るにしても）ですし、キャピタルゲインは多くの場合１年以上の、場合によっては十数年の期間を置いてから得られる利益です。

　遠い未来のリタイア後に必要な安定収入を求めて投資を始める若い投資家の皆さんと、定年間近で数年先からの収入確保が課題の皆さんとでは求めるタイミングが異なりますし、当然求める収入も違います。また、インカムゲインの集積とキャピタルゲインで自己資本を段階的に増やし、投資を拡大させていく計画の方もいるでしょう。

　「キャピタルかインカムか」という部分では、**「経済状況によって脚光を浴びる利益の上げ方は変わるがどちらも重要であり、どちらかというと投資家自身によってどちらを重視するかということが決められるべきものである」**ということが押さえるべきポイントということです。

４）自分の時間をどの程度取られるか
　基本的に、運営の仕組みが整備されていて自動操縦が可能なのが不動産投資です。ただ、「不労所得」とまでは言えません。特に自主管理で運営をする場合、時間を問わず発生する入居者からのサービス・リクエスト（クレーム）への対応などは待ったなしです。賃料という対価をもらうからには、相応のサービスを提供する義務がありますので、そこに多くの時間と労力を割くことになります。

　数多くの修羅場を経験することによって大家力がアップすることは間違いありませんが、力を付ける前に、自分や不動産経営がもたないとなったら何

のためにやっているのかわからなくなります。一般的に管理会社は賃料の3％〜10％程度の管理手数料を毎月支払うことによって大家業のほとんどを代行してくれますので上手に利用すると良いでしょう。

ただし、支払う管理手数料と仕事の内容が噛み合っていないと、安かろう悪かろうの買い物（管理サービスという商品）になりますので、何を、どの位の品質で、どの程度の頻度行うのかという内容を吟味するようにしてください。

大きく分けて、皆さんが不動産投資を行う場合、取られる時間は以下のようになります。

① **物件を取得するとき**
　ⅰ　投資に関する知識を身につけるため、本を読んだりセミナーに参加したりネットで情報を収集する時間
　ⅱ　物件情報を入手するため、サイトをのぞいたり不動産業者と連絡を取り合う時間
　ⅲ　物件を見に行く時間（周辺環境や、競合する賃貸物件を調査したり、近隣業者にヒアリングするのも含まれます）
　ⅳ　物件を選定し、購入判断するのに使う時間
　ⅴ　金融機関を開拓したり折衝したりする時間（融資に必要な書類を用意することなども含まれます）
　ⅵ　売買契約、ローン（金銭消費貸借）契約、登記手続きなど契約に関する実務的な手続きに必要な時間

……最初の段階は、結構な時間を取られます。ただ、ここは事業のスタートアップのための作業なので、時間を惜しまず投入することです。逆に言えば、このあたりを端折ってしまうと、のちのち後悔をすることにもなりかねませんので、心してかかってください。

金融機関や法務局など役所関係が絡む部分は平日の日中に時間を取る必要がありますので、サラリーマンの皆さんにとっては有給休暇を使ったりと、多少の日程調整は必要になりますが、そのほかについては土日や早朝、深夜を充てることもできます。

この段階でパートナーとして役に立つのは、**「自分の投資(経営)方針を理解してくれる不動産会社と金融機関」**です。

② 物件を運営している最中
　i　空室を埋めるために、リーシング業者へのアピールを訪問などによって行う時間
　ii　空室を埋めるために、室内外のリフォームや設備更新などを企画する時間
　iii　入居者から発生する数多くのサービス・リクエスト(クレーム)に対応する時間。たとえば、隣の部屋が夜中に洗濯機をまわしてうるさい・上階の足音が気になって眠れない・ごみの出し方がひどい人がいる・廊下の蛍光灯が切れている・誰かが猫に餌付けしている・異臭がする・虫が出る・雨漏りがする……など。
　iv　賃料を滞納している入居者に入金を促す時間
　v　それでも、払ってくれない人に対して訴訟を起こす時間
　vi　長期滞納者をはじめ、問題のある入居者に退去してもらうために訴訟も含めて費やす時間
　vii　入居者や、入居を検討してもらう見込み客からみて魅力的な物件であり続けられるように、掃除や除草など、物件を磨き上げる時間
　viii　入居者が退出するときに、現地で「この傷はどちらの負担で直すか」といったチェックを行い、負担割合を双方納得のいくよう取り決めて清算を行うために使う時間
　ix　最短時間で、原状回復工事を済ませ再募集を掛けられるようにするための段取りに使う時間
　x　確定申告書を作成したり申告したりする時間

……まだまだ、あります。賃貸用不動産の運営はかなりやることがありますが、それでも普通の商売や事業に比べればその頻度は少ないと思います。そして、一連の仕事を代行してくれる業態が整備されているのも特徴的です。

この段階でパートナーとして役に立つのは、**「業務に精通していて、**

オーナーの立場と気持ちを理解してくれる不動産管理会社（PM）」と「工事会社、そして税理士」です。

③　物件を手放すとき
　i　最適なタイミングであるかどうかを判断するために、売買事例や市場の動きを見極めるために使う時間
　ii　物件の価値を高めるために、売却のための資本改善（リフォームやリノベーション）を行うかどうか、費用対効果はどうかなどを判断するために使う時間（現地での工事打ち合わせや見積もり書のチェックなども含む）
　iii　物件の販売図面を作成・チェックしたり、告知方法の検討を行うための時間
　iv　購入希望者との条件調整を行う時間
　v　ローンを借りている金融機関に、売却に伴う一括返済・抵当権抹消など一連の手続きの手配をする時間
　vi　買主との売買契約、登記手続きなど実務に充てる時間
　vii　確定申告に伴う時間

　……売主・買主間での直接取引というケースはあまりないと思います。一般的には、仲介業者（不動産会社）に販売を依頼して、買い手を探すことになるでしょう。
　この段階でパートナーとして役に立つのは、**「収益不動産の売買という特殊性のある業務に精通していて、オーナーの立場と気持ちを理解してくれる不動産仲介業者」**です。

　「自分の時間をどの程度取られるか」という部分では、**「やるべきことは、投資としては多いが、事業としては少ない。そして、業務代行の仕組みが整備されている」**ということが押さえるべきポイントということです。

5）コントロールできる範囲

　資本改善（リフォームやリノベーション）・ファイナンス・入居者サービス・出口戦略など、自分の裁量で投資を作りこみできる数少ない投資が不動産投資です。

　もちろん、株の保有率を高めて経営に影響力を及ぼし、企業価値を高めて転売して大きく利益を上げるといった投資もありますが、それは資金力のあるファンドや大資産家でもないとなかなかできないわけで、多くは「価値が上がりそうな株や債券や商品」を見定めて、それに乗るというのが一般的な投資になります。

　バスターミナルで乗るバスを選ぶのにも似て、そのバスが希望通りの場所に自分を運んでくれることもあれば、渋滞でまったく動かなかったり、暴走を始めたり、事故を起こしたりすることもあるということです。途中下車もできますが、元いた場所に戻るのにそこまでの運賃のほかに、帰りの高いタクシー代を払うことにもなりかねません。不動産投資は、どちらかというと「不動産事業経営」といった方がその姿を正しく現わしていると思います。

　事業経営ですから、自己裁量で様々な経営判断を下していくことができます。その分、スキルによる差が大きくつく投資でもありますが、本当の意味でのプロフェッショナルが少なく、手探りで皆が取り組んでいる投資でもありますので、そこに勝ち目があるといっても過言ではないと思います。

　また、他の投資のように市場や仕組みが洗練されていませんので、相対取引における義理人情や好き嫌いといった感情的な、きわめてウェットかつ人間的な要素が多く含まれるのも特筆に値します。インサイダー取引でさえ合法とされています。

　「コントロールできる範囲」という部分では、**「投資というよりも、事業であり意思決定や事業的センスが重要。また、十分に洗練された分野ではないため、そこに活路がある」**ということが押さえるべきポイントということです。

3

やらない
選択肢もあるが

3 やらない選択肢もあるが

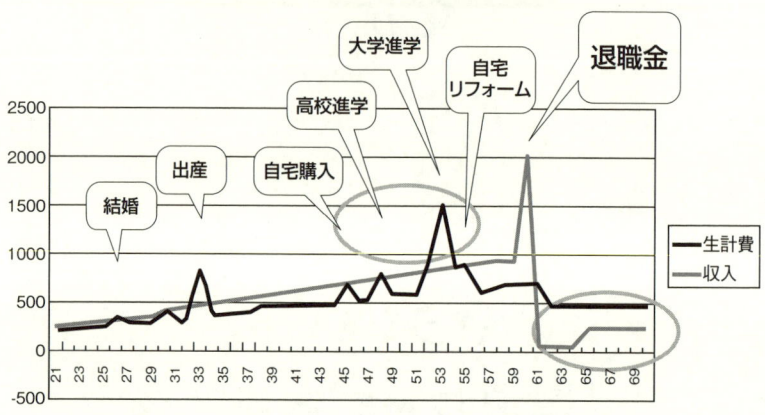

※その他、医療費・子供の結婚・自動車・耐久消費財・旅行などは未算入！

　もうひとつ、「そもそも投資はしない」という選択肢もあります。我が国では、学校教育でお金や投資、資金運用といったことを学ぶ機会はありません。

　また、家庭でもお小遣いを渡すチャンスはあっても、大抵は節約をして、なるべくなら使わずにお母さんに預けて、必要なもの・買いたいものが出たときに備えなさいという教育をします。

　もちろん、大切な事ですし、これからもそのような考え方が色あせることもないでしょう。ただ、実社会で生きていくうえで「お金に対する知見（マネーリテラシー）」をもたずにいると、大きく人生を損なう仕組みに、いつのまにか世の中がなってしまったということから目を背けることはできません。社会の枠組みが変わってしまったのです。

保険ＦＰＳ研究所刊『2010年度版ライフプランデータ集』に以下のようなデータがあります。

　　　平均的なサラリーマンの生涯年収・・・・・2.8億円（700万円×40年）
ー）税金と年金・健康保険などの社会保障費・・0.6億円（天引き）
ー）住居費・・・・・・・・・・・・・・・・0.6億円（@12.5万円/月）
ー）保険料・・・・・・・・・・・・・・・・0.2億円（@4.2万円/月）
ー）教育費（子供２人と仮定）・・・・・・・0.3億円（幼稚園～大学）[※]
＝）可処分所得の合計・・・・・・・・・・・1.1億円（@23万円/月）

サラリーマン人生40年の実質可処分所得は１年で275万円、毎月約23万円。食費などの生活費を考えると、自由に使えるお金はほとんど残りません。

それなのに、定年から90歳までの30年間で必要なお金は約9,000万円です[※]。無計画に家を買い（借り）、保険に入り、子どもを育て、税金を払っている人は、たとえ現在高収入であったとしても、間違いなく破たんします。政府も年金制度もあてにはできません。「何もしない」という選択肢は、実は最も危険な選択肢であるということに気付くべきでしょう。

進路によって変わる教育資金

	幼稚園から大学までの進路					学習費総額
	幼稚園	小学校	中学校	高校	大学	
【ケース1】 高校まですべて公立	公立	公立	公立	公立	国公立	10,919,541円
	753,972円	2,004,604円	1,415,256円	1,561,509円	私立・文系	12,442,541円
	高校までの学習費		5,735,541円		私立・理系	14,015,541円
【ケース2】 幼稚園だけ私立	私立	公立	公立	公立	国公立	11,780,787円
	1,515,216円	2,004,604円	1,415,256円	1,561,509円	私立・文系	13,303,707円
	高校までの学習費		6,596,787円		私立・理系	14,876,787円
【ケース3】 高校だけ私立	公立	公立	公立	私立	国公立	12,493,734円
	753,972円	2,004,604円	1,415,256円	3,135,702円	私立・文系	14,016,734円
	高校までの学習費		7,309,734円		私立・理系	15,599,734円
【ケース4】 幼稚園と高校が私立	私立	公立	公立	私立	国公立	13,354,980円
	1,515,216円	2,004,604円	1,415,256円	3,135,702円	私立・文系	14,977,980円
	高校までの学習費		8,170,980円		私立・理系	16,450,980円
【ケース5】 小学校だけ公立	私立	公立	私立	私立	国公立	15,747,897円
	1,515,216円	2,004,604円	3,808,173円	3,135,702円	私立・文系	17,270,897円
	高校までの学習費		10,563,897円		私立・理系	18,843,897円
【ケース6】 高校まですべて私立	私立	私立	私立	私立	国公立	21,982,197円
	1,515,216円	8,239,104円	3,808,173円	3,135,702円	私立・文系	23,505,197円
	高校までの学習費		16,798,197円		私立・理系	25,078,197円

文部科学省「平成18年度子どもの学習費調査」／国民生活金融公庫「平成19年教育費負担の実態調査」より

子供ひとり当たり・・・1,091万円〜2,507万円

老後にかかる資金

項目	金額	割合
食料費	62,652円	（25.6%）
住居費	14,546円	（ 5.9%）
家具・家事用品	9,711円	（ 4.0%）
被服・履物	14,872円	（ 3.2%）
保健医療	14,827円	（ 6.1%）
交通・通信	25,216円	（10.3%）
教育	692円	（ 0.3%）
教養娯楽	28,424円	（11.6%）

その他……………………………………………60,358円（24.7％）※
※うち交際費は（12.3％）

月額244,619円⇒年額約300万円
　・・・定年から90歳までの30年間で
　　　　9,000万円（！）ということ。

※総務省「家計調査」

　短命のリスクは、生命保険によって担保することができるでしょう。もっとも、残された家族が生活のよりどころとする住まいの確保と、生活費・教育費などの準備が十分に満たされる内容のものかどうかは、存命のときの保険料負担もふまえて見直す必要があります。

　また、長命のリスクは、平均余命がかつて人類が経験したことのないほど伸びた今日において無視できないものになっています。

　かつては、現役時代の貯蓄と退職金を貯えとして持っていれば、年金と合わせて不自由のない老後を過ごすことができました。

　しかし、頼みの年金制度は国民年金も厚生年金も、そして企業年金も制度として成り立たなくなっているのは周知のとおりです。

　定年の延長によって、これをカバーしようという動きもありますが、そもそも若年層の雇用ですら難しい時代に現実的な施策とは思えませんし、人は歳を重ねるごとに雇用者から見た労働者としての賞味期限が切れていきます。健康面での不安もあるでしょう。

　貯蓄と退職金も、平均余命が3倍になれば、その価値は3分の1になってしまいます。
　定年後の人生が10年であれば、3,000万円の貯蓄は毎年300万円の取り崩しに耐えることができますが、30年であれば100万円。しかも30年以上長生きする可能性もありますから、それを全部取り崩すわけにもいかないで

しょう。長生きは幸せなことであるはずなのに……。

「子供がいれば、面倒をみてもらえる」というもうひとつの頼みの綱も、実際は難しいところだと思います。

「生活ドキュメント～しぼむ老後～」という連載記事が2011年の読売新聞で組まれていましたが、親の年金や生活費が子どもの経済的支援に使われ、老後の家計を圧迫している実態が取り上げられていました。

「息子のローン肩代わり～1日1食　薬代もない～」という見出しが印象に残ります。

ちなみに、年金の受給額はどのくらいかというと、厚生年金の場合、40年給付＋60歳以上単身で月額約14万円となっています。ただし、平均受給額は4.6万円／月、最頻値は3万円台。

一般的なサラリーマンであれば、現役年収500万円程度の人で年間200万円前後、1,500万円クラスの人で300万円前後といったところだと思います。

私の知る限りの最高額は少年自衛官からたたき上げ、一等陸佐まで出世した人が受けとっている共済年金、月額30万円（年間360万円）です。

佐官クラスの定年は56歳。60歳まで働くことができるのは、さらに上の将官クラス以上と、一般企業よりはハンディがありますが羨ましい金額です。でも、年収としてよくよく考えると決して多い額とはいえません。

歳を取れば、子育ても終わるし、そんなにお金は使わないよ……という方もいますが、こんどは医療費が重くなってきます。

また、年収格差ほど年金格差がないという点も見落とせません。

現役年収500万円の皆さんが、200万円の年金で暮らすことのほうが、現役年収1,500万円の皆さんが300万円の年金で暮らすことよりも恐らく、ラクなのではないかと思います。

リタイア後の収入の確保がいくら必要か、預金はいくら確保しておかなければいけないかといった人生の後半戦に備えた準備をするうえでは、ライフプランの作成が有効です。

ファイナンシャル・プランナー（ＦＰ）に依頼して作ってもらうか、あるいは自分と家族の現在の年齢を起点として、今後訪れるであろうイベント（入学・進学・結婚・住宅購入・リフォーム・自家用車の入れ替え・定年など）と、それに要するであろう費用をそれぞれの年ごとに予想される収入と合わせて落とし込んでいくことによって簡単に作成することができます。

多くの場合、愕然とすることでしょう。

「やらない選択肢もあるが」という部分では、**「長寿のリスクを回避するためにライフプランを作成し、必要な手立てを打つべきであり、不動産投資はそのひとつの選択肢である」**ということが押さえるべきポイントということです。

4

不動産の仕事は
いろんな人生に関わりあいます

4 不動産の仕事はいろんな人生に関わりあいます

不動産の仕事をしていると、人生のいろいろな節目に立ち会うことになります。

住宅を借りたり貸したり、買ったり売ったりということは、大抵その人の人生でなんらかの変化があったときに発生しますので。

今でも忘れられない3人の人生のお話をしましょう。どなたも、サラリーマン人生の集大成ともいえる60歳をまさに迎えようとした同年代の皆さんです。

1）Aさん60歳

ある日、自社の管理物件に入居しているAさんがふらっと支店に立ち寄りました。家賃7万円の古い木造2DKアパートです。

「部屋の鍵をお返しに上がりました」相変わらず穏やかで丁寧な口調です。「どうしました？」「実は、来月からの家賃を払う手だてがなくなってしまって……」

よくよく事情を聞いてみると、
① 半年ほど前から健康を害してしまい、会社を休みがちになっていたところリストラの対象になってしまった
② 奥さんは愛想を尽かして実家に帰ってしまった（熟年離婚です）
③ したがって、来月の家賃を払えない

と、こういう事情でした。

「滞納しながら半年位居座っている人もいっぱいいますよ」とも言えず、そうでしたか……大変でしたね……位の言葉しかかけてあげられなかったのが心残りでしたが、今ごろどうされていることか。冗談交じりに、「行くところがなかったら、橋の下ででも暮らしますよ」と、力なく笑っていたのが忘れられません。

2）Bさん60歳

　元国営企業の部長クラスの方です。年収千数百万円でしたが、家賃1万5千円の社宅（3LDK）に入っていました。自家用車はメルセデス、時計はロレックス。

　定年退職とともに、当然ながら社宅は立ち退かなくてはいけなくなりますので、危機感を持った奥さんと娘さんが住宅探しに来られたという状況です。

　土日の度に、「こんなのがありました」と、物件を紹介していましたが、肝心のご主人は趣味のウクレレ教室かゴルフに毎週予定を入れていて、まったく関心を示しませんでした。

　ちなみに、貯蓄は50万円……。

　結局、この方は定年を迎えたあと半年間社宅に居座り、退職金をすべて使って3DKの中古団地を購入したそうです。

　現役の時には、属性がいいですから、どこの金融機関も競うように「ウチで借りてください」と様々な条件を提示して来ていましたが、退職したらタダのひとですから、潮が引くようにだれも相手にしてくれなくなってしまいました。

　貯蓄の50万円に手を付けたかどうかはわかりませんが、いずれにしても厳しい老後だと思います。

3）Cさん60歳

　この方は、地元の中小企業を勤め上げた方です。

　「ウチみたいな小さい会社は退職金なんか出ないからさぁ」と、現役のころから貸家やアパートを買い進め、お会いした時にはすべての物件のローンは完済し終わっていて月収数百万円という状態でした。

　「現役時代は社長の顔色なんて見たことなかったし、部下にも上司にもいつもオゴっていたから仕事しやすかったなぁ」なんて言っていました。

　不動産の仕事はいろいろな人の人生を垣間見るという意味では、自分自身にとって重要な示唆を与えてくれる数少ない仕事だと思います。

5

人口減少と
供給過剰のなかでもやれるのか

5 人口減少と供給過剰のなかでもやれるのか

　景気の良し悪しは別として、少子高齢化・人口減少の一方、住宅供給が過剰で余剰住宅が問題になっているのに、果たしてこの日本で不動産投資（＝賃貸不動産経営）が成り立つのか？という懸念が取りざたされます。

　基本的に、賃貸不動産経営は、建物やスペースを貸すことによって成り立つ経営ですから、需要と供給のバランスと今後の変化を見て厳しいならば、厳しいなりの判断をしながら投資をするか、投資しないという選択肢を取る必要があります。

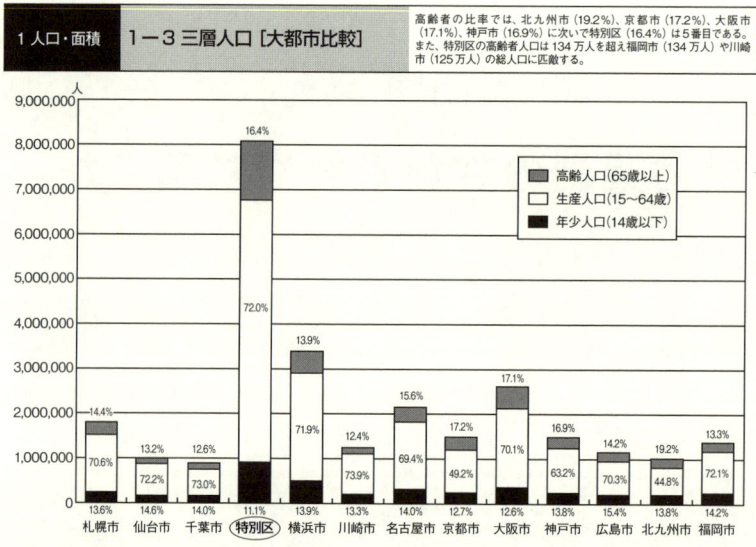

1 人口・面積　1-3 三層人口[大都市比較]

高齢者の比率では、北九州市（19.2%）、京都市（17.2%）、大阪市（17.1%）、神戸市（16.9%）に次いで特別区（16.4%）は5番目である。また、特別区の高齢者人口は134万人を超え福岡市（134万人）や川崎市（125万人）の総人口に匹敵する。

資料：国勢調査（2000年）

　日本の場合、総人口の半分は東京・大阪・名古屋の三大都市圏に属し、さらにその半分は東京都市圏に集中しているということはよく知られています。

東京都市圏（3,722万人）は世界最大の人口圏

United Nations, Department of Economic and Social Affairs, Population Division
World Urbanization Prospects: The 2011 Revision
File 11a: The 30 Largest Urban Agglomerations Ranked by Population Size at each point in time, 1950-2025
POP/DB/WUP/Rev.2011/2/F11a
March 2012 - Copyright © 2012 by United Nations. All rights reserved
Suggested citation: United Nations, Department of Economic and Social Affairs, Population Division (2012). World Urbanization Prospects: The 2011 Revision, CD-ROM Edition.

Year	Rank order	Country code	Country	City Code	Urban agglomeration	Note	Latitude	Longitude	Population (millions)
2011	1	392	Japan	21671	Tokyo	(16)	35.69	139.75	37.22
2011	2	356	India	21228	Delhi	(12)	28.67	77.22	22.65
2011	3	484	Mexico	21853	Ciudad de México (Mexico City)	(17)	19.50	-99.12	20.45
2011	4	840	United States of America	23083	New York-Newark	(25)	40.72	-74.09	20.35
2011	5	156	China	20656	Shanghai		31.23	121.47	20.21
2011	6	76	Brazil	20287	São Paulo	(3)	-23.53	-46.62	19.92
2011	7	356	India	21206	Mumbai (Bombay)		18.93	72.85	19.74
2011	8	156	China	20464	Beijing	(5)	39.92	116.43	15.59
2011	9	50	Bangladesh	20119	Dhaka	(2)	23.72	90.41	15.39
2011	10	356	India	21211	Kolkata (Calcutta)		22.50	88.33	14.40
2011	11	586	Pakistan	22044	Karachi		24.87	67.05	13.88
2011	12	32	Argentina	20058	Buenos Aires	(1)	-34.59	-58.67	13.53
2011	13	840	United States of America	23052	Los Angeles-Long Beach-Santa Ana	(25)	34.09	-118.38	13.40
2011	14	76	Brazil	20272	Rio de Janeiro	(3)	-22.90	-43.23	11.96
2011	15	608	Philippines	22109	Manila	(20)	14.58	121.00	11.86

国連（UN）人口統計

2025年予測でも、その地位は不動

United Nations, Department of Economic and Social Affairs, Population Division
World Urbanization Prospects: The 2011 Revision
File 11a: The 30 Largest Urban Agglomerations Ranked by Population Size at each point in time, 1950-2025
POP/DB/WUP/Rev.2011/2/F11a
March 2012 - Copyright © 2012 by United Nations. All rights reserved
Suggested citation: United Nations, Department of Economic and Social Affairs, Population Division (2012). World Urbanization Prospects: The 2011 Revision, CD-ROM Edition.

Year	Rank order	Country code	Country	City Code	Urban agglomeration	Note	Latitude	Longitude	Population (millions)
2025	1	392	Japan	21671	Tokyo	(16)	35.69	139.75	38.66
2025	2	356	India	21228	Delhi	(12)	28.67	77.22	32.94
2025	3	156	China	20656	Shanghai		31.23	121.47	28.40
2025	4	356	India	21206	Mumbai (Bombay)		18.93	72.85	26.56
2025	5	484	Mexico	21853	Ciudad de México (Mexico City)	(17)	19.50	-99.12	24.58
2025	6	840	United States of America	23083	New York-Newark	(25)	40.72	-74.09	23.57
2025	7	76	Brazil	20287	São Paulo	(3)	-23.53	-46.62	23.17
2025	8	50	Bangladesh	20119	Dhaka	(2)	23.72	90.41	22.91
2025	9	156	China	20464	Beijing	(5)	39.92	116.43	22.63
2025	10	586	Pakistan	22044	Karachi		24.87	67.05	20.19
2025	11	566	Nigeria	22007	Lagos	(18)	6.45	3.40	18.86
2025	12	356	India	21211	Kolkata (Calcutta)		22.50	88.33	18.71
2025	13	608	Philippines	22109	Manila	(20)	14.58	121.00	16.29
2025	14	840	United States of America	23052	Los Angeles-Long Beach-Santa Ana	(25)	34.09	-118.38	15.69
2025	15	156	China	20867	Shenzhen	(8)	22.54	114.05	15.54

国連（UN）人口統計

　国連人口統計では2011年の世界の都市圏の中で東京は37.22百万人で断トツの1位。2位 デリー 22.65百万人、3位 メキシコ・シティ 20.45百万人、4位 ニューヨーク 20.35百万人、5位 上海 20.21百万人と2位以下を大きく引き離しています。

同統計の2025年予測でも、1位 東京 38.66百万人、2位 デリー 32.94百万人、3位 上海 28.40百万人、4位 ムンバイ 26.56百万人、5位 メキシコ・シティ 24.58百万人とその地位は盤石です。

と、いうことは東京周辺のみが投資対象で、このエリアであれば何も心配がないかというと、実はそうでもないというところが、不動産投資の奥の深いところです。

都心３区や６区といった特Ａ立地でも、ファンド系の物件が大量供給された賃料10万円前後の新築系25〜30㎡のワンルームなどは、空室率が地域全体の平均を大きく上回っています。

人口が増加した、又は人口が減少した都道府県の数は？

・東京都、神奈川県、千葉県など９都府県で増加38道府県で減少

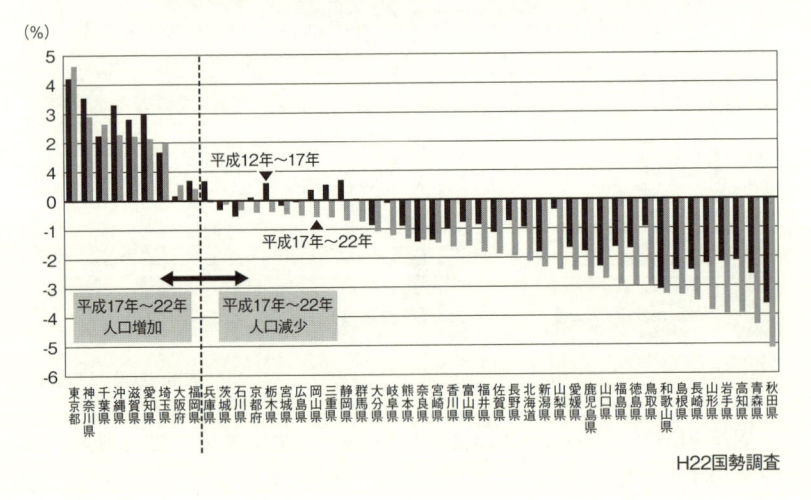

都道府県別人口増減率(平成12年〜17年、平成17年〜22年)

H22国勢調査

人口が増加または減少している市町村の数は？

- 全国1,728市町村のうち、407市町村で人口が増加（全体の4分の1）
- 全国1,728市町村のうち、1,321市町村で人口が減少（全体の4分の3）

人口増減率階級別市町村数の割合の推移（平成7年〜22年）

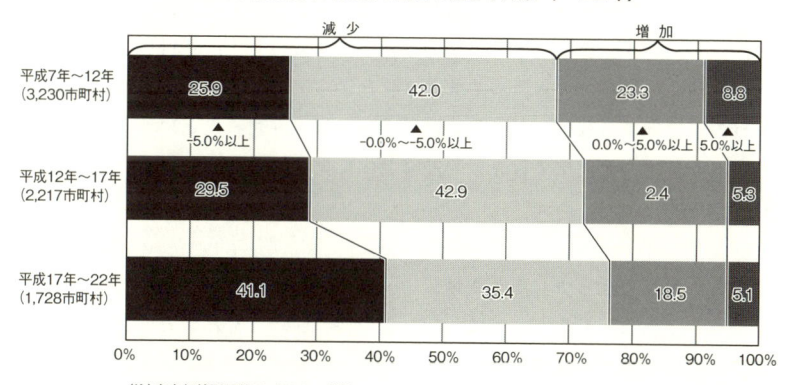

期間	-5.0%以上減少	-0.0%〜-5.0%以上	0.0%〜5.0%	5.0%以上
平成7年〜12年（3,230市町村）	25.9	42.0	23.3	8.8
平成12年〜17年（2,217市町村）	29.5	42.9	22.4	5.3
平成17年〜22年（1,728市町村）	41.1	35.4	18.5	5.1

（注）東京都特別区数は1市として計算。
期末時の境域による。
人口増減数0の市町村は増加に含める。

H22国勢調査

また、H17からH22の間に人口増加をしていた都道府県は東京・神奈川・千葉・沖縄・滋賀・愛知・埼玉・大阪・福岡の9か所であったことはよく知られていますが（H22国勢調査）、全国の1,728市町村の中で、全体の23.6％が人口増加をしていて、5％以上の増加をしたところも5.1％あり、その中には首都圏や大都市圏に限らず様々な要因によって、こんなところが？という場所も含まれるということは意外と知られていません。

さらに、同一地域内であっても間取りや面積、賃料価格帯によって空室率に大きな格差が発生するということも事実として受け止める必要があります。

つまり、潜在的な賃貸需要がある場所で、ストックが過剰でないもの、あるいは競争力のあるものを供給できれば十分に事業として成立させることが

できるということです。

ここでは、「不動産投資に向いている場所かどうか」という判断をする場合に役立ついくつかのポイントをご紹介しましょう。

1）人口・世帯数・ストックのバランスを見る

全国の賃貸管理会社で勤務する皆さんにヒアリングをする機会が多いのですが、そのときにいつもする質問のひとつに「ＡＤ（入居者付け業者に支払う紹介料）は賃料の何か月分ですか？」というものがあります。都内は１～３月の繁忙期であればゼロ、それ以外であれば１か月程度というのが相場でしょうか。地方大都市では２か月前後、中には２～４か月というところもありました。

一方、大都市から少し離れた地域で、あるいは一般的に不動産投資の対象地域としてあまり話題に上らないような地域では、「そんなもの払いませんよ」という返事がきます。

ＡＤは、ここ数年ファンドが持ち込んだ文化ともいえます。投資パフォーマンスが悪く見えないようにするため、空室に苦労している物件に入居者を付けるときに協力してくれた業者に家賃の数か月分をボーナスとして支払う（中には６か月分などというケースもあります）といういわばカンフル剤的な役割を果たします。

人は、甘い蜜を吸うとそれがやめられなくなりますから、そういった文化が根付いてしまったエリアでは、それが常態化してしまうというわけです。さらに、ファンドが進出しているエリアでは、同時に大量供給が行われているわけですから、需給バランスが崩れてしまいます。

九州全土の中心地であり、年齢層も若く、投資エリアとして魅力的な福岡市では、平成17年・18年の２年間で２万人の人口増加があり、３万世帯の世帯増加がみられました。「人口増加＜世帯数増加」という状態は、個世帯化＝都市化が進んでいて需要が強含みの地域と分析されます。そして、同期

間に供給された住宅は4万戸。

　こういった状況は、福岡に限らず多くの地域で見られます。

　逆に、ファンドが見向きもしなかった地域では、需給バランスが保たれているケースが少なからずみられます。ただし、市場自体が小さく、また多くの場合が人口の先細りが顕著なのでその点は十分に留意する必要があるということはいうまでもありません。

　人口の増加・世帯数の増加・ストックの増加については、各自治体のホームページや総務省、国交省のサイトから調べることができます。

2）需要を発生させるコアな施設があるかどうか

　賃貸住宅の運営をする場合、そこに住むであろう入居者の見込みが立たないと成立しません。現状満室で表面利回り20％の地方のアパートを買ったという投資家の相談で、「物件近くの工場が移転してしまったら、入居者がゼロになり家賃を半分以下に下げても一向に決まらない」というものがありました。

　当然です。周りにはその工場以外は畑と森しかありませんから、物件自体の改善をしたり賃料を下げたりといった施策を行ったとしても、肝心の需要が対象地域になければ借り手は現れません。

　立地の選定には、実際に入居者の需要を生み出す根源的な施設があるのか、そして複数の代替需要があるかということが重要です。需要を生み出す施設には駅や港、空港といった交通機関以外にも、官庁街、オフィス街、大学、工業団地、大規模商業施設、軍の基地など様々なものが考えられます。

　そして、その施設がもつパフォーマンスにも注目すべきでしょう。一日の乗降客2,000人の駅と20万人の駅では違います。工業団地であれば斜陽化・空洞化しそうな産業ではないかという点も気になります。大学も学生数の多寡や、受験生からの支持、サテライトキャンパス的なものかどうかなど、様々

な要因が考えられますからよく調べることです。

　ここで必要なデータは、電鉄会社・企業・大学のホームページ、商工会議所のサイトなど、あるいはマクロ的な指標であれば経産省や総務省のHPなどから調べることができます。

3）景気と人口移動の関係

> ## 東京圏のオフィス人口は過去最高
>
> - 1988年約600万人 ⇒ 2010年約800万人
> - 経済発展 ⇒ 第3次産業が増加する
> - 就業人口1998年約1,740万人 ⇒ 2007年1,845万人
> - 「工場の海外移転」が進むと、**本社オフィス需要が増加**（オペレーションが必要になるので）……05年～08年日本企業の海外現地法人雇用者は436万人 ⇒ 452万人 _{（同志社大 林敏彦教授）}。同時期には本社常勤雇用者394万人 ⇒ 422万人 _{（日経新聞2010.8.30）}

　オフィス需要の増減は、そこに働く社員の増減に影響します。長期にわたる円高や景気後退で、支店の閉鎖や工場の海外移転などが相次いでいます。多くの中核都市では人口の社会減（出生率・死亡率などの影響から決定される自然増減とは別に、雇用の悪化・改善による人口移動などの影響でみられる人口増減）が加速し、賃貸用不動産経営に暗い影を落としています。

　一方、東京圏においては景気後退がオフィス人口を押し上げる原因になっています。バブルに沸いた昭和63年（1988年）約600万人だった東京圏のオフィス人口は、その22年後、平成不況の真っただ中、そして団塊世代の大量退職の波が過ぎ去った平成22年（2010年）には約800万人と、約1.3倍に膨れ上がっています。

　経済発展を成し遂げた国では、第3次産業の就労者が増加します。また、工場の海外移転が進むと、そのオペレーションのために本社機能の増強が必

要となり、それに伴って本社オフィス需要が増加します。
　2005年から2008年の変化をみると、日本企業の海外現地法人雇用者436万人⇒452万人、本社常勤雇用者394万人⇒422万人と大きく増加しています（日経新聞2010.8.30）。

　もうひとつ、景気と人口移動の相関関係には、興味深い動きが見られます。不景気の時には、東京周辺部から都心部に向かっての人口移動が顕著にみられ、好景気の時には逆の動きを示すというトレンドです（アトラクターズラボ社）。

　不景気の時には地元の雇用環境が悪化し、職を求めて都心に向かい、好景気のときには生活コストの上昇が大きい都心を離れて地元に回帰するという流れです。不景気のときには、リストラに伴い、職場で振り当てられる労働量が激増し、長い通勤時間を充てるのが辛くなり、あわせて居住コストも相対的に下がっているので職住接近をはかるというアンケート調査結果も納得のいくものでしょう。
　ちなみに、千葉県との境である江戸川区、埼玉県との境である練馬区では、好況・不況にかかわりなく人口増加がみられるというのは、「いつかは都民に」あるいは「なんとか都民で」といった意思が垣間見える、人間味のあるデータだと思います。

4）高齢者と住宅需要
　少子高齢化に伴い、高齢者がこれからの入居者需要の一角を担うという意見も散見します。果たしてそうでしょうか。また、そうであればどのようなことに気を付けるべきでしょうか。
　一般的に高齢者の定義としては65歳以上の方を指しますが、まず、どの位の人口がいるかということです。
　現在、65歳以上の高齢者世帯は、年間ほぼ30万世帯の増加をしています（内閣府高齢社会白書）。平成22年及び平成23年調査では、0～14歳の年少人口が13.2％⇒13.1％、15歳～64歳の生産年齢人口が63.8％⇒63.6％、65歳以上の老年人口が23.0％⇒23.3％（うち、11.5％は75歳以上）という

結果になっています（全国）。

　また、国立社会保障・人口問題研究所「日本の将来推計人口」の中位推計をもとに国土交通省が作成した資料では、高齢者比率（65歳以上人口比率）は2050年には35.7％（うち75歳以上は21.5％）と予想されています。

高齢者比率の推移

高齢者比率（65歳以上人口比率）は、2050年には、35.7％に高まるものと予測されている。また、後期高齢者比率（75歳以上人口比率）は、2050年には、21.5％に高まるものと予測されている。

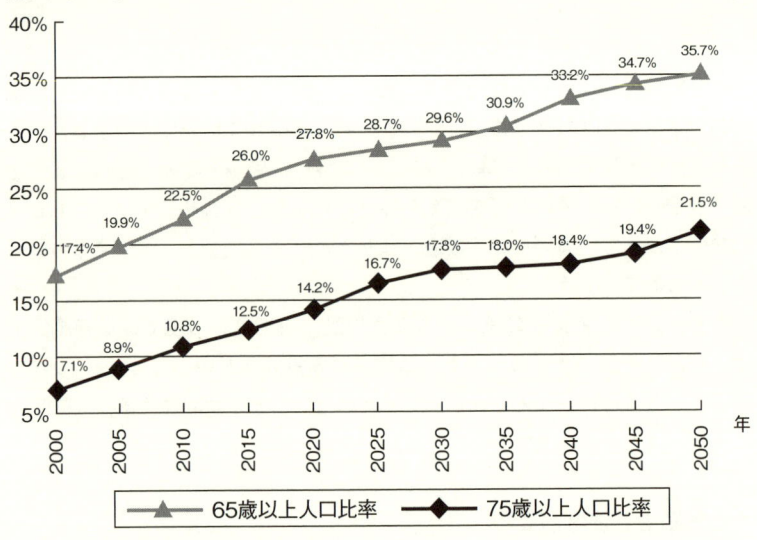

年	2000	2005	2010	2015	2020	2025	2030	2035	2040	2045	2050
65歳以上人口比率	17.4%	19.9%	22.5%	26.0%	27.8%	28.7%	29.6%	30.9%	33.2%	34.7%	35.7%
75歳以上人口比率	7.1%	8.9%	10.8%	12.5%	14.2%	16.7%	17.8%	18.0%	18.4%	19.4%	21.5%

（出典）国立社会保障・人口問題研究所「日本の将来推計人口（平成14年1月推計）」の中位推計をもとに国土交通省国土計画局作成。

　ちなみに、老年人口が比較的少ない都道府県は沖縄県（17.3％）、東京都・神奈川県・愛知県（20.6％）、埼玉県（20.9％）となります。
逆に比較的多い県は秋田県（29.7％）、島根県（29.1％）、高知県（29.0％）です。

都道府県、年齢3区分別人口の割合（平成23年10月1日現在）
(単位　％)

都道府県	年少人口 (0～14歳)	生産年齢人口 (15～64歳)	老年人口 (65歳以上)	うち 75歳以上	都道府県	年少人口 (0～14歳)	生産年齢人口 (15～64歳)	老年人口 (65歳以上)	うち 75歳以上
全　国	13.1	63.6	23.3	11.5	三重県	13.6	62.0	24.4	12.4
北海道	11.8	63.0	25.2	12.7	滋賀県	14.9	64.2	20.9	10.4
青森県	12.3	61.6	26.1	13.7	京都府	12.7	63.6	23.7	11.6
岩手県	12.6	60.2	27.3	14.9	大阪府	13.1	64.2	22.7	10.1
宮城県	13.0	64.6	22.4	11.6	兵庫県	13.6	63.1	23.4	11.3
秋田県	11.3	59.0	29.7	16.8	奈良県	13.0	62.6	24.4	11.6
山形県	12.7	59.7	27.6	15.8	和歌山県	12.7	59.8	27.5	14.5
福島県	13.2	61.6	25.2	14.0	鳥取県	13.2	60.3	26.4	15.0
茨城県	13.3	63.8	22.9	11.0	島根県	12.8	58.1	29.1	17.0
栃木県	13.3	64.3	22.3	11.2	岡山県	13.6	61.0	25.4	13.4
群馬県	13.6	62.5	23.9	12.0	広島県	13.5	62.2	24.3	12.3
埼玉県	13.2	65.9	20.9	8.7	山口県	12.6	59.1	28.2	15.0
千葉県	12.9	65.1	22.0	9.6	徳島県	12.2	60.6	27.1	15.1
東京都	11.3	68.1	20.6	9.8	香川県	13.2	60.7	26.1	14.1
神奈川県	13.1	66.3	20.6	9.2	愛媛県	12.9	60.2	26.9	14.5
新潟県	12.6	61.0	26.4	14.6	高知県	12.0	58.9	29.0	16.3
富山県	12.9	60.8	26.4	14.0	福岡県	13.5	63.9	22.5	11.3
石川県	13.5	62.6	23.9	12.5	佐賀県	14.5	60.9	24.7	13.6
福井県	13.8	61.0	25.2	13.9	長崎県	13.5	60.3	26.2	14.4
山梨県	13.1	62.0	24.8	13.2	熊本県	13.7	60.5	25.8	14.4
長野県	13.6	59.7	26.7	14.5	大分県	13.0	60.2	26.8	14.6
岐阜県	13.8	61.8	24.3	12.2	宮崎県	13.9	60.2	25.9	14.2
静岡県	13.5	62.4	24.1	11.9	鹿児島県	13.7	59.8	26.5	15.2
愛知県	14.3	65.0	20.6	9.3	沖縄県	17.7	65.1	17.3	9.0

　高齢者世帯は人口構成の中で無視できないボリュームになるという所見はある意味正しいでしょう。

　では、その高齢者は果たして賃貸需要の市場として見込めるのかというと、別の統計を見る必要があります。

　「年齢、住宅の所有の関係、建て方別　単身世帯の割合」というデータが国勢調査にあります。

年齢、住宅の所有の関係、建て方別　単身世帯の割合

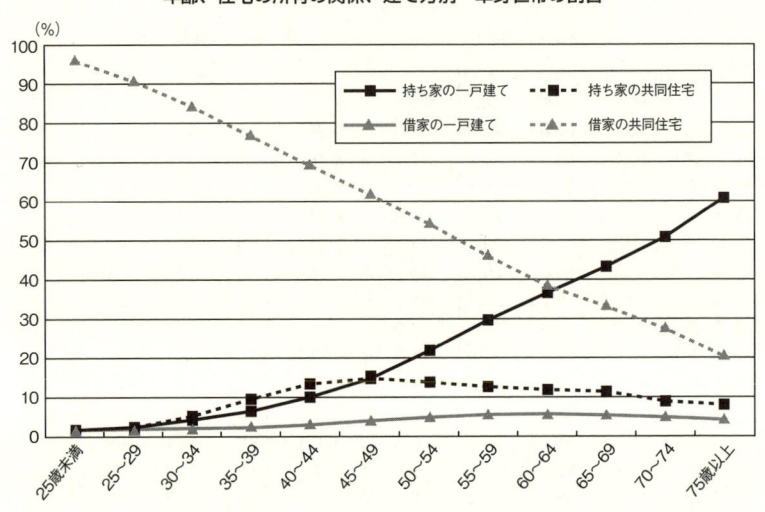

　ここでは、若者の単身世帯では9割が借家の共同住宅に居住しているのに対し、高齢者では5割強が持ち家の一戸建てとなっています。
　高齢者の住宅と生活環境に関する意識調査（平成23年3月内閣府）では、60歳以上の持ち家率は86.7%〜95.2%という驚異の高さを示しています。

住宅の種類

(%)

	総数	持ち家(民間から購入・注文住宅)	持ち家(UR(旧公団)・公社などから購入)	民間の賃貸住宅	都道府県・市区町村の公営賃貸住宅	UR(旧公団)・公社などの賃貸住宅	給与住宅(住宅・官公舎など)	その他	持ち家(計)	借家(計)
【総数】	2062	87.2	1.1	6.6	3.0	1.6	0.3	0.2	88.6	11.4
【都市規模別】										
大都市	472	80.3	3.0	10.2	2.1	3.8	0.4	0.2	83.5	16.5
中都市	867	86.9	1.0	6.8	3.0	1.7	0.2	0.3	88.2	11.8
小都市	522	91.2	−	4.0	4.2	−	0.4	0.2	91.4	8.6
町村	201	94.5	−	4.0	1.5	−	−	−	94.5	5.5
【年齢階級別】										
60〜64歳	574	87.1	1.4	7.3	2.1	1.6	0.3	0.2	88.7	11.3
65〜69歳	500	86.8	1.2	6.6	3.2	1.2	0.4	0.6	88.6	11.4
70〜74歳	457	85.6	0.9	7.7	4.2	1.3	0.2	0.2	86.7	13.3
75〜79歳	322	87.6	0.9	5.3	2.5	3.4	0.3	−	88.5	11.5
80〜84歳	147	90.5	0.7	4.8	3.4	0.7	−	−	91.2	8.8
85歳以上	62	93.5	1.6	3.2	1.6	−	−	−	95.2	4.8
【家族形態別】										
単身世帯	237	67.1	0.8	17.3	8.9	4.2	1.3	0.4	68.4	31.6
夫婦二人世帯	739	86.3	1.5	6.8	3.8	1.6	−	−	87.8	12.2
本人と子の世帯	548	88.5	1.5	5.8	2.0	1.8	0.4	−	90.0	10.0
本人と子と孫の世帯	209	97.1	0.5	1.9	−	−	−	0.5	98.1	1.9
その他	329	95.1	0.3	2.7	0.3	0.3	0.3	0.9	96.4	3.6

　限界集落的な地域になっていて、持ち家ながらもどこか街中の便利なところに引っ越したいとか、住まいが広すぎて管理が大変であるとか、なんらかの不満があり、住み替えのニーズがあれば住まいを借りるという可能性はあります。

　これについては、同じ内閣府の調査で「住宅で困っていること」というアンケート調査がありますが、驚くべきことに「何も問題点はない」という回答がおよそ6割を占めています。短絡的に少子高齢化＝高齢者向け賃貸住宅という判断をするのは難しそうです。

住宅で困っていること（Q15）（複数回答）

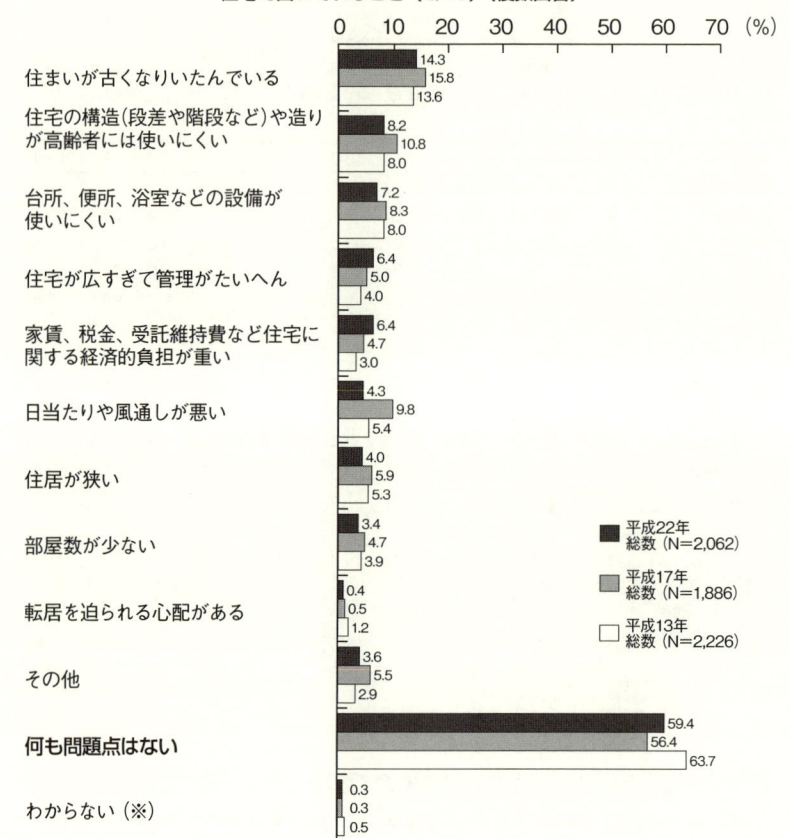

項目	平成22年 総数(N=2,062)	平成17年 総数(N=1,886)	平成13年 総数(N=2,226)
住まいが古くなりいたんでいる	14.3	15.8	13.6
住宅の構造（段差や階段など）や造りが高齢者には使いにくい	8.2	10.8	8.0
台所、便所、浴室などの設備が使いにくい	7.2	8.3	8.0
住宅が広すぎて管理がたいへん	6.4	5.0	4.0
家賃、税金、受託維持費など住宅に関する経済的負担が重い	6.4	4.7	3.0
日当たりや風通しが悪い	4.3	9.8	5.4
住居が狭い	4.0	5.9	5.3
部屋数が少ない	3.4	4.7	3.9
転居を迫られる心配がある	0.4	0.5	1.2
その他	3.6	5.5	2.9
何も問題点はない	59.4	56.4	63.7
わからない（※）	0.3	0.3	0.5

（※）平成13年、17年は「無回答」

5）移動手段の選択

通勤・通学に利用する交通手段の都道府県別の傾向は？

- 37都道府県において「自家用車のみ」で通勤・通学する人が半数以上
- 東京都及び大阪府とその周辺の県では「鉄道・電車」が多い

利用交通手段が「自家用車」だけの割合 — 都道府県（平成22年）

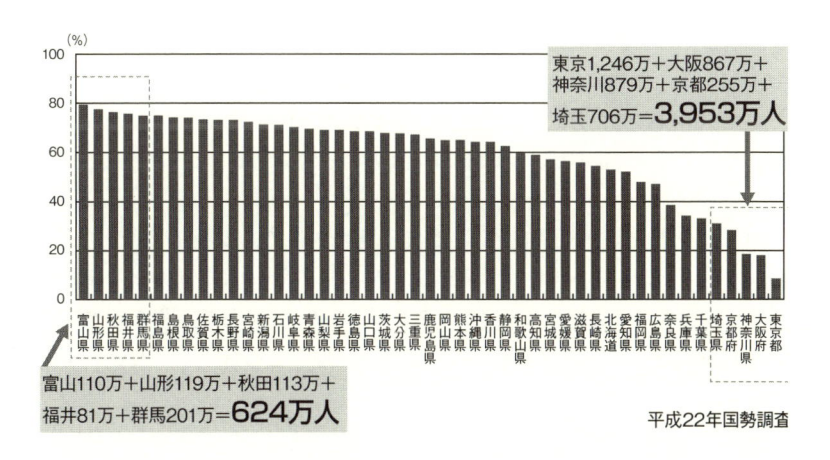

東京1,246万＋大阪867万＋神奈川879万＋京都255万＋埼玉706万＝**3,953万人**

富山110万＋山形119万＋秋田113万＋福井81万＋群馬201万＝**624万人**

平成22年国勢調査

「地方は車社会」とはよく言われる言葉です。確かに、地方に行くと駅前は寂れたシャッター街になっている一方、郊外の大規模商業施設を中心に公共施設やサービス施設が集積している様を見かけたりします。しかし、高齢化が進むと免許を返還するケースも増えてきますし、若年層においては自家用車の購入者数や免許取得者数が目に見えて減少している傾向も無視できませんので、地方においても結局公共機関の利用に関しての利便性が求められるようになりつつあるという大きな流れがあります。

平成22年国勢調査では、「通勤・通学に利用する交通手段の都道府県別の傾向」という調査結果が発表されていますが、「手段は自家用車のみ」という上位5県（富山・山形・秋田・福井・群馬）の総人口624万人と、下位5

都府県（東京・大阪・神奈川・京都・埼玉）の総人口3,953万人とを比較しても、公共機関の利便性を求める人のボリュームの違いが理解できると思います。

　公共の交通機関が発達した都内においても、移動手段の選択には地域ごとの特殊な指向性がみられます。同じ地域であってもJRの駅利用のエリアは人気がなくて地下鉄駅利用のエリアは人気が高いとか（あるいはその逆）、始発や、接続する路線、終電の時間など様々な要素が絡み合います。ターミナル駅までのアクセスで最も便利なのが路線バスで、最寄りの鉄道駅からは15分前後かかるのに人気が高い地域なども珍しくありません。
　また、乗降客数百万人の巨大駅と数千人規模の小さな駅では、駅からの距離、たとえば「徒歩10分」の価値は違うといっていいでしょう。

　コンパクトシティ構想に伴い、高度に運用されているLRT（ライト・レール・トランジット＝路面電車）がある富山、一大ターミナルから網の目のように行きかう路線バスのアクセスがある熊本、長い積雪期間の都市部移動を解決する地下鉄網が整備された札幌。地域ごとに様々な特性があります。
　単純に、「駅徒歩何分」あるいは「車社会で云々」ということでもないということです。

6）年収と家賃のバランス
　都心3区や6区といった特A立地の賃料10万円前後のワンルームの供給過剰について触れましたが、国交省のアンケート調査では、希望する家賃負担割合は年収の20％とありますので、月額10万円＝年間120万円の賃料負担をする層というのは年収600万円ということになります。同様の調査がネクスト社（HOME'S）、アットホーム社でも行われていますが、月収の30％程度の家賃負担が理想であるという調査結果がでています。

トレンド調査 －「住宅係数」に関する調査－

月収に対する現在の家賃、『割合が高い』が6割、『理想とする家賃の割合』は30%

調査概要
調査テーマ:住宅係数に関する調査
実施期間:2009年4月21日〜23日の3日間
対象:賃貸住宅に住む男女（18歳〜39歳）
回答サンプル数:男女各300名（計600名）
調査方法:モバイルリサーチ（携帯電話を使ったインターネット調査）

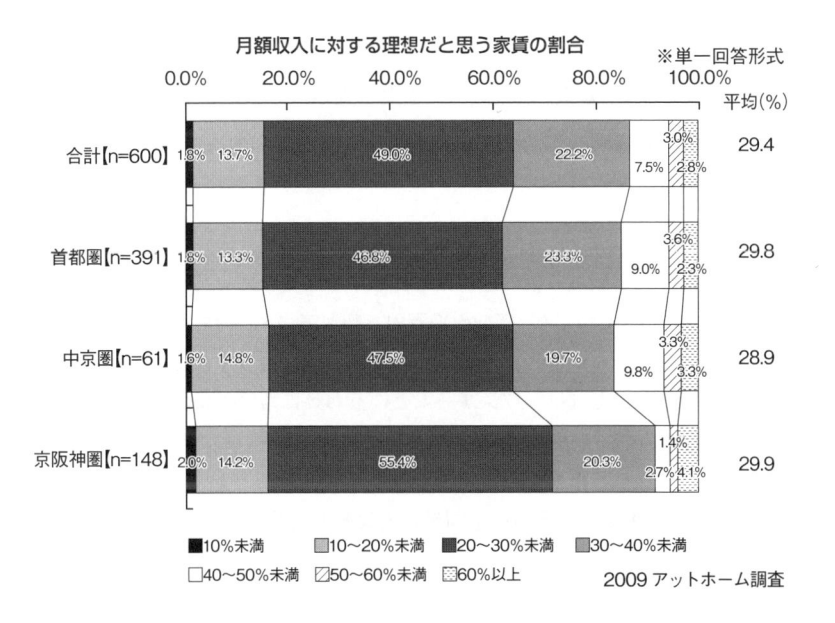

月額収入に対する理想だと思う家賃の割合　　※単一回答形式

	10%未満	10〜20%未満	20〜30%未満	30〜40%未満	40〜50%未満	50〜60%未満	60%以上	平均(%)
合計【n=600】	1.8%	13.7%	49.0%	22.2%	7.5%	3.0%	2.8%	29.4
首都圏【n=391】	1.8%	13.3%	46.8%	23.3%	9.0%	3.6%	2.3%	29.8
中京圏【n=61】	1.6%	14.8%	47.5%	19.7%	9.8%	3.3%	3.3%	28.9
京阪神圏【n=148】	2.0%	14.2%	55.4%	20.3%	2.7%	1.4%	4.1%	29.9

2009 アットホーム調査

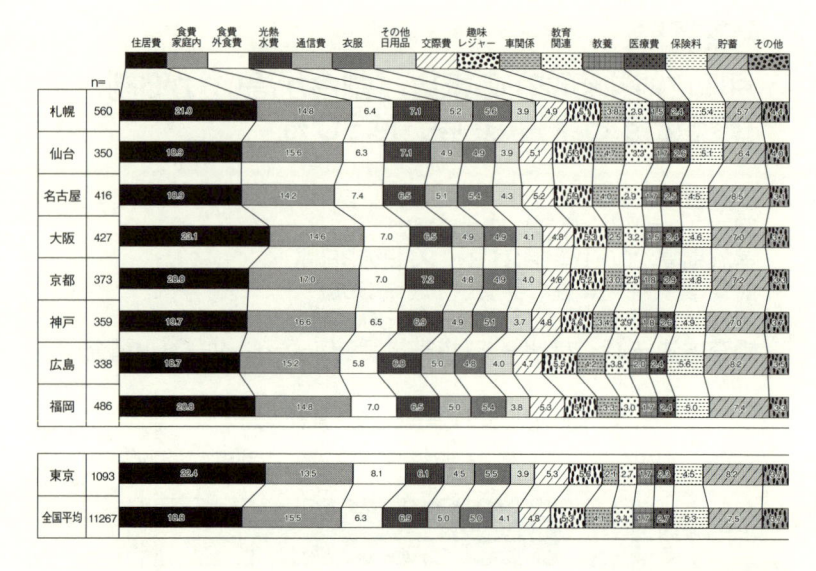

	n=	住居費	食費家庭内	食費外食費	光熱水費	通信費	衣服	その他日用品	交際費	趣味レジャー	車関係	教育関連	教養	医療費	保険料	貯蓄	その他
札幌	560	21.0		14.8	6.4	7.1	5.2	5.0	3.9	4.9					3.6		5.7
仙台	350	19.0		15.5	6.3	7.1	4.9	4.9	3.9	5.1					3.6	5.1	6.4
名古屋	416	19.0		14.2	7.4	6.5	5.0	5.4	4.3	5.4					3.4		
大阪	427	22.1		14.5	7.0	6.5	4.9	5.2	4.1	5.4					3.4		
京都	373	22.0		12.0	7.0	7.3	4.8	4.9	4.0	5.4			3.0	10.3	2.9		
神戸	359	19.7		16.6	6.5	6.5	4.9	5.0	3.7	4.8					3.4	4.9	
広島	338	18.7		15.2	5.8	6.5	5.0	5.4	4.0	5.4					3.4		
福岡	486	20.0		19.5	7.0	6.5	5.0	5.4	3.8	5.3			3.0	10.7	5.0		7.4
東京	1093	22.4		14.5	8.1	6.1	4.5	5.5	3.9	5.3				10.7	4.5		8.7
全国平均	11267	19.0		15.5	6.3	6.9	5.0	5.0	4.1	4.8			3.0	9.7	5.3		7.5

2009 Home's調査

　東京都の平均年収は、他の道府県と比較すると飛びぬけて高く400万円を超えていますが、それでも、年収600万円を超えていて、持ち家ではなくて、単身向け間取りでもいいとなると限られてきます。カップルで世帯年収600万円ということであれば、ワンルームというわけにもいかないでしょうし、年齢層が高くなれば将来のことを考えてより安い賃料のところにしたり、逆に持ち家にシフトしたりという判断が働いたりします。

　40代独身女性の持ち家率は、同男性と比較して実は非常に高いという統計調査もあります。（総務省）

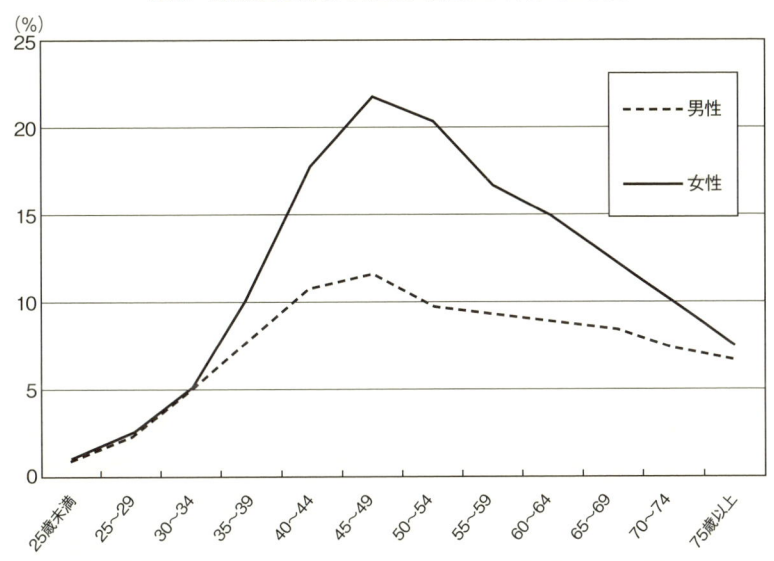

男女、年齢別持ち家の共同住宅に居住する単身世帯の割合

女性の単身世帯では持ち家の共同住宅の割合が40歳代後半で最も高く、同年代の男性のほぼ2倍

- 男女別にみると、持ち家の一戸建て、借家の一戸建て、借家の共同住宅では、各年齢層で男女間にあまり違いはありませんが、持ち家の共同住宅で違いが見られます。
- 持ち家の共同住宅に居住する割合は、男女共に40歳代、50歳代で高く、男女の差も大きくなっており、最も割合の高い45～49歳では、女性（21.9％）が男性（11.7％）のほぼ2倍になっています。

　全国の「賃料」を規準とした賃貸住宅市場を見ていると、ある特徴に気が付きます。東京周辺は2割ほど高くなりますが、その他の地域においてはどこに行っても、おおよそ**5万円前後の賃料**が単身者向け物件では需要の中心であるという声を多くの不動産会社のリーシングや管理の担当者から聞くことができます。

　首都圏入居者意識調査（21C住環境研究会＋リクルート社）では、賃貸住宅を借りに来る人の8割は20～30代の独身社会人となっていますが、この傾向は全国的に見ても同じような様相を示しています。

そして、このゾーンの方たちの年収を見ると、地域差はありますが、どこもおよそ300万円前後というのが平均的な数字です。
　ということは、300万円×20％＝60万円……＠５万円／月。これが払える賃料ということになります。

　もちろん、景気が良ければ「もう少し出して、もっといいところに」となりますし、景気が悪ければ「無理しないで、もう少し安いところに」となります。
　でも、５万円の家賃を払える人が１万円とか２万円の部屋を借りるかというとそれは、そうではないわけです。

　人間は群れをつくる生き物ですから、同じような生活レベルの人たちの集団に属することを求めます。５万円の家賃を払える人は、２万円の家賃しか払えない人のコミュニティーの中に所属することに違和感を感じます。
　また、実際に払えるかどうかは別として20万円の家賃を払える人たちのコミュニティーにも同じように居心地の悪さを感じます。

7）ストロー効果

ストロー効果

都市部からのアクセスを改善すれば栄えると思ってせっかく整備したインフラが、逆に地元の需要や富を吸い上げてしまう現象。
- 上越・東北・中央・九州新幹線
- 瀬戸大橋
- 東京湾アクアライン
- つくばエクスプレス

仕事柄、全国の都市をまわり不動産市況や地域経済についてのお話を伺うことが多くあります。そして、その中で話題に上るのは新幹線や新線の開通や、大きな橋の架橋、高速道路の整備などの大きな交通インフラの話です。

不動産投資を行う上で、地域の発展性は見落とせない要素のひとつです。交通インフラの整備は地域に富をもたらすカンフル剤になるであろうという期待は理解できます。

ただ、それが逆効果になってしまう現象が全国各地で見受けられることは意外と知られていません。たとえば、上越新幹線。

東京駅と新潟駅を1時間ちょっとで結ぶこの路線ができたことにより、東京から新潟への移動は日帰り圏となりました。それは、新潟市内の多くの支店の閉鎖をもたらし、原宿やTDLが若者の遊び場として選択肢に入ることになりました。

瀬戸大橋で四国経済の発展が約束されると思っていたという高松のある方は「みんな買い物で神戸・大阪へ出かけることになってしまって、逆に向こうから来てお金を落とすのは昼メシでたべる「うどん」のたった500円だよ」、と嘆いていました。

　一本のストロー（交通インフラ）ができることによりストローを吸う側が、吸われる側の富を吸いつくしてしまうということで、ストロー化現象とかストロー効果とか呼ばれています。

　東京湾アクアラインの開通による木更津、つくばエクスプレスの開通によるつくば学園都市など事例は枚挙にいとまがありません。

　逆に、交通インフラの整備によりストローを吸う側の地域には大きなメリットがあるということでもあります。九州新幹線開通後の福岡は、一時の賃貸需要の閉塞感から回復しつつあります。逆に、熊本は苦戦しています。

　ストローで吸われる側の地域においては、一般的な感覚では、整備が決定されて運用が始まるまでの間は期待感から市況が過熱し、運用開始後は失望感から急速に冷え込むという現象が繰り返されますので、こういった特徴を踏まえてキャピタルゲインを得る不動産投資を行うこともできますが、どちらかというとプロ向きの手法かもしれません。

　将来リニア新幹線で東京＝大阪間の移動が１時間なんていうことになったら大変なことになる予感がします。ＬＣＣ（格安航空便）の登場で数千円で全国の都市を結ぶことができるようになりましたが、大量の人員や貨物を運搬することに関しては鉄道・道路の比ではありませんから。

8）昼夜間人口比率

昼夜間人口比率が高い都道府県又は低い都道府県は？

注：昼夜間人口比率……夜間人口100人当たりの昼間人口

順位	高い都道府県		低い都道府県	
	都道府県名	人口比率	都道府県名	人口比率
1位	東京都	118.4	埼玉県	88.6
2位	大阪府	104.7	千葉県	89.5
3位	愛知県	101.5	奈良県	89.9

昼夜間人口比率が高い都府県へ通学・通勤する人が多い都道府県は？

通学・通勤先	都道府県名		
	1位	2位	3位
東京都へ	神奈川県	埼玉県	千葉県
大阪府へ	兵庫県	奈良県	京都府
愛知県へ	岐阜県	三重県	静岡県

注：東京都内・大阪府内・愛知県内で通学・通勤している人は除く

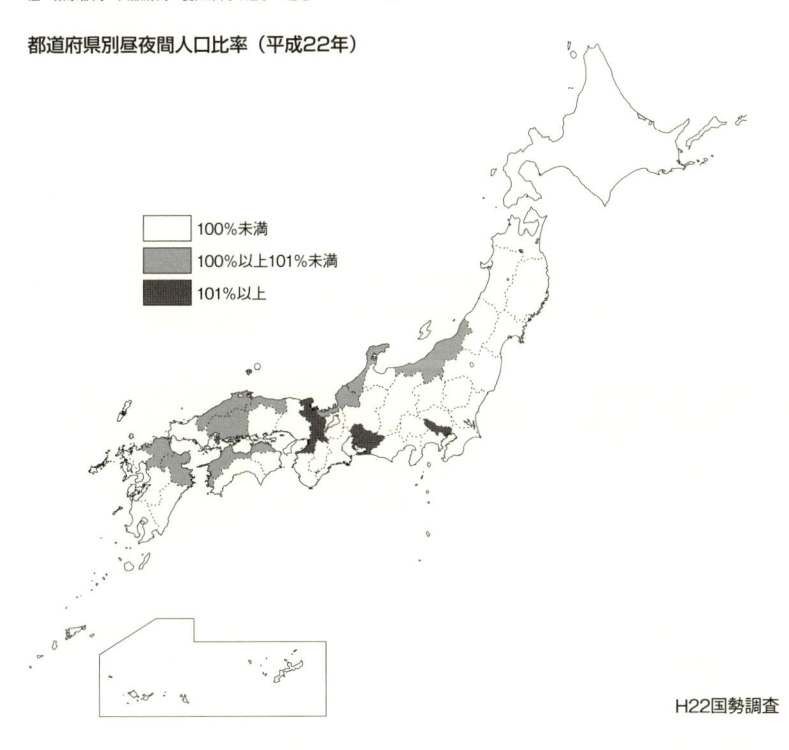

都道府県別昼夜間人口比率（平成22年）

- □ 100％未満
- ▨ 100％以上101％未満
- ■ 101％以上

H22国勢調査

昼間の人口が、夜間（常住）人口に対してどのくらいいるかということです。

　昼間人口は、常住人口に他の地域から通勤してくる人口を足し、他の地域へ通勤する人口を引いたもの。

　100％を超えていれば、周辺地域から通勤や通学で訪れる人が多い地域ということ。下回っていれば、ベッドタウン的な地域といえます。ちなみに、日本で最も昼夜間人口比率が高いのは、国会議事堂をはじめ官庁が軒を連ねる東京都千代田区の2047.31％（！）（H21東京都調べ）。

　他にも東京23区は、中央区（659.47％）港区（489.38％）、新宿区（253.48％）など並はずれた数字を示す地域が目白押しです。こういった地域では莫大な昼間人口⇒利益体質の優れた商業施設・企業オフィスの集積⇒そこで買い物や仕事をする比較的収入の高い層と、そこにサービスを提供する比較的収入の低い層が集まり⇒その中で職住接近を求める住宅需要が形成される……という動きを発生させます。

　また、これらの地域の世帯当たり人口はおよそ1.6～1.8人（総務省統計局）と個世帯化が顕著になっているのが特徴です。したがって、グレード感があって高額の単身～2人世帯向けの物件、そして狭く・古くても低額で借りることのできる単身向けの物件が需要の中心になります。

　逆に、昼夜間人口比率が100％を下回っている地域。たとえば世田谷区（89.72％）、杉並区（84.07％）、練馬区（80.74％）、葛飾区（80.74％）などは、同様の賃料でもう少しゆとりある間取りを求める人、同様の間取りでもう少し安い賃料を求める人、利便性よりも環境を重視する人（ファミリーなど）の需要が中心になります。

　ただ、昼夜間人口比率はその人口が移動する先、移動してくる先の市場規模や市場特性も合わせて見る必要があります。神奈川県三浦市は杉並区並みの昼夜間人口比率85.61％となっていますが、人口総数4万8千人（2010

年）と杉並区（約53万人）の一割にも満たない規模です。世帯当たり人口2.76人と多く、1.83人の世田谷区と比較すると都市化が進んでいないと判断されます。

　また、通勤・通学で移動すべき隣接・近隣地域は、杉並区の場合すべて巨大な人口規模・雇用数を誇る都内の区部になりますが、三浦市から市外へ人口移動が行われる主な先は人口総数42万6千人、昼夜間人口比率90.6％の横須賀市となります。

　あくまでも、近隣から人が移動してくる地域なのか、近隣へ移動していく地域なのか、そしてそのボリュームはどのくらいなのかということを一体で把握するうえで参考にするといいでしょう。

9）ポータルサイトで簡単に需給バランスを判断する

　そのエリアの賃貸市場が、強含みか弱含みかという判断を簡単にする方法をお教えしましょう。賃貸住宅のポータルサイト（ＨＯＭＥ'Ｓ，ＳＵＵＭＯ，Ａｔｈｏｍｅ，Ｙａｈｏｏなど）には、募集条件が物件ごとに記載されています。さらに、条件検索をかけると駅からの距離、築年数や広さ、間取り、賃料といった条件ごとに物件を整理することができます。

　この分類をしたうえで、「敷金・礼金」といった初期費用の有無、あるいは金額をチェックすると分類した条件によって、ほとんどの物件でゼロだったり、逆に1か月とか2か月とか必要だったり差があることに気づくことでしょう。

　需給ギャップが負で供給が過剰な場合、市場が崩れます。オーナーの立場で考えると、賃料の値下げは最後の砦で、その前に客付け業者への紹介料を出したり、初期費用のディスカウントをしたりという行動に出ます。賃料をいじるのと違って一過性のものですから。

　したがって、敷金・礼金といった初期費用が取れていない市場は厳しい市

場というわけです。こういった市場で不動産投資を行う場合、駅からの距離などの立地や間取り、広さ、賃料などで、より競争力のある物件から決まっていきますので、改善余地がある物件なのか、ない物件なのか、あるいは改善するコストが効果に対して過大ではないかといったことに注意してください。

　需給ギャップが正で、需要に対して供給が不足している市場では、主観的に見て「古い」とか「不便」とかいった要素で、競合する投資家が手を出さない物件でも、実は投資として十分に成立するケースがあります。また、需給ギャップが負の物件を資本改善や賃料の見直しや間取り変更で需給ギャップが正の物件に作り替えることができるのであれば、それは良い投資になる可能性が高くなります。

10) 近隣調査のポイント

　「現場に答えがある」という言葉は、普遍的な真実です。ただ、やみくもに見てもその成果は限定されたものになります。データ収集や分析を行ったうえでアタリをつけて見に行く、目的をもって見に行くということが現場・近隣調査を実のあるものにしてくれます。

　前項でご紹介したような（ポータルサイトでの需給ギャップ分析）事前の段取りをしていくことをお勧めします。

　では、効果的な近隣調査の方法をご紹介しましょう。

① **調査する範囲を決める**

　競合する物件は、部屋を借りようとする見込み入居者が探すであろう地域内にあります。

　それは、駅の東口と西口、川の向こう岸とこちら岸、国道のあちらとこちら……それぞれの地域で特徴や範囲があります。それは地元のリーシング業者からヒアリングしたり、縮尺の大きなロードマップなどで公共施設や商業施設の分布を見ながら予想したりといった作業になります。そして、宅配業者や不動産会社が利用する居住者の名前なども掲載されている住宅地図（「スターマップ」（ゼンリン）など。大型書店や物件近くのコンビニで売っています。あるいは、物件を紹介してくれた業

者にコピーしてもらってもいいでしょう）を事前に用意して、賃貸住宅と思しき物件をマークしておきます。

② 駅（あるいは需要を発生させる施設）から歩いてみる
目的や効果はいくつかあります。

a）地図ではわからない道のりの高低差、臭気、騒音、雰囲気などを肌で感じることによって、その物件がある地域の優位性・問題点などが明らかになります。

b）道のりの間にある不動産業者にヒアリングすることができます。その場合、どんな物件に人気があるのか、どんな人が物件を探しにくるのか、地域の特殊な事情などを聞くといいでしょう。定休日だったり、ヒアリングするのに躊躇するようであれば店頭に掲示されている物件資料をチェックするだけでも有意義です。その図面を見たひとが店内に導入されることを狙って、反響のありそうな物件を普通は掲示しますから、それが低額のワンルーム中心であれば、そういった物件、２ＤＫなど小さめのファミリータイプが多ければ、そういった家族構成の人が借りる物件の人気が高いと予想されます。場合によっては、電柱に賃貸物件の募集図面が貼られていることもあります。

　　また、中には駅前にさえ不動産業者が無い場所もあります。その場合は、そもそもその街には不動産需要が無いという可能性が高くなります。

c）立地で優れる競合物件がわかります。道すがらある物件はイコール対象物件よりも駅に近い物件ということです。調査対象の物件と比べてきれいな物件が多いのか、古い物件が多いのかということがわかります。

d）物件を検討してくれる入居見込み客の心理状態を追体験できます。買い物が便利とか、学校が近いとか、入居ターゲットによって見るべき部分は違いますが、何が問題になるか、何が売り文句になるかとい

うことがわかります。

③ **現地を歩き回ってエリア内の賃貸物件をチェックする**

　ポータルサイトでチェックした物件は現在募集中の空き物件で、現在満室の物件などは募集市場には出ていません。レインズやアットホームでは成約情報も検索できますが、すべてがカバーされているかというと限度があります。そこで、現地で確かめる必要があるわけです。

　現地では、単に全体のなかで空室が何室あるかということだけではなく、

　(1) 間取り……単身者向けかファミリー向けかといったレベルで十分です。建物を外部から見ておよその間口・奥行から判断してください。標準的な窓ガラス1枚の幅は約90cmです。

　(2) 物件の状態……綺麗か・普通か・汚いか・とても汚いかといった主観的な判断でかまいません。

　空室かどうかの判断は、ドアポスト・郵便ポスト・ガスの元栓・水道の元栓・電気メーター・カーテンの有無など様々な部分で確認することができます。

	Aランク	Bランク	Cランク	Dランク	Total
1R・1K	バリューアップ ←		→	値下げ	
1DK			↓ 2戸→1戸 間取り変更		
1LDK		間仕切撤去 間取り変更 ↑			
2DK					

　■ 空室率(高)　　　■ 空室率(低)

ここまで調査が済んだら、(1)間取り、(2)物件の状態、ふたつの情報を軸にマトリックスをつくり、「空室÷物件総数＝空室率」という数字を当てはめていきます。

　そうすると、特定の間取りや状態の物件の空室率が高かったり、あるいは低いことを確認できるはずです。

　たとえば、単身向け物件でピカピカのものと、かなり古いのが埋まっていて、中途半端なものは空室だらけ……というケースでは、a 大規模リフォームによる物件の魅力をアップしてそちらの市場にラインナップさせる、b 賃料の値下げをしてそちらの市場の中で最良の物件としてラインナップさせる……という方法が考えられます。

　単身向け物件はどれも空室だらけ、ファミリータイプはどれも稼働率が高いということであればそもそも単身向けは建てない・買わないということもあるでしょうし、上下あるいは左右の２部屋をつなげてファミリータイプに間取り変更するという判断もあるでしょう。

　どの間取り、状態においても空室だらけという場合は、そこは賃貸物件を建ててはいけない地域かもしれません。

　この作業を行うことによって、そのエリアの市場性や問題点、解決策が明らかになります。

11）海外不動産投資はどうか？

　「人口減少と供給過剰のなかでもやれるのか」という命題の延長線上に「海外不動産投資はどうか？」という検討もあがってくると思います。人口減少が進む日本ではなく、今後も成長を続けていくであろう海外市場に打って出るというのも一つの選択肢ではあります。
　米国認定不動産管理協会（ＩＲＥＭ）の国際フォーラムに出席したり、アジア圏の不動産業界の視察に行ったりと、決して海外不動産投資の世界とは

無縁ではありませんが、個人的には躊躇(ちゅうちょ)しています。

　理由は、その国の言葉と法律と商習慣と税制とファイナンスと管理運用についての知識が十分でないと不安。そして、これをわからずにやったり、現地に根づかないでやろうとすると、いいようにカモにされるんだろうなぁと思っています。

　万博直前のバブル真っ最中の上海で、現地の有名な若手実業家が日本の不動産のマイソク図面の束を誇らしげに見せてくれました。いわゆる３Ａ地区（赤坂・青山・麻布）とか、新宿とか渋谷とか、外国人にも有名な立地の区分ファミリー物件ばかりでしたが、どれもこれも日本の投資家ならば絶対に手を出しそうもないものばかり……。自分が逆の立場だったら同じようにヤラれるなと確信しました。

　よく考えてみれば、どこの国にも国内の投資家がいるわけでそこで売れ残ったものをよくわからない外国人に売りつけるというのはごくごく普通に考えられるケースだと思います。また、外国人が不動産を買うことを禁じられている国もたくさんあります。その場合、信用のおける第三者に代理で買ってもらうということになりますが、本当に信用できるかどうかというと不安です。

　信用できる管理会社が不動産運営には必要ですが、そういった業種が整備されていなくて、いまだに入居者が大家の家に家賃を手渡しで払いに行く国もあります。一年中暖かく食べ物も豊富で、野宿でも命の危険がなく、しかも居候が転がり込める文化なので、家賃をあまり高くすると借りる人がいない、なんていうのんびりとした悩みを現地の方から聞くこともあります。

　経済成長著しく不動産バブルともてはやされている某国では、不動産で儲けるには、計画決定された新築マンションの分譲抽選会で（楽団が入ったりしてお祭り騒ぎなんだそうです）、軍とか政府とかの親戚・知人のコネを使って当選券を手に入れ、手付金を払って完成間近に転売するのがいちばんいい

（跡地を見に行きました）……とか。

　また、地震でもないのに完成間近に倒壊するマンションとか、朝起きたらベランダが崩落していたとか、17人の中年グループが行ったエクササイズにより建物全体が共振して2,000人が避難する騒ぎになった、1998年築・39階建てのビルとかこわすぎます。

　ほかにも、人口ボーナス問題なんていうのもあります。
　どの国にも一度だけ訪れる、生産年齢人口の増加が人口増加を上回る「人口ボーナス」期が終了して、その国の1人当たりGDPはそこを超えることがない……という問題で、日本は1995年にすでに迎えています。
　国としては日本を抜いて世界第2位になりましたが、換算すると1人当たりGDPは日本の約10分の1にしかすぎない中国も、そこからさらに成長する間もないであろう2015年には終了してしまうという意外な予測がされています。

　それから、為替の問題もあります。ロシアがまだソ連だったときのルーブル（ロシア通貨）危機ではドルに対して価値が100分の1近くに暴落ということがありました。まさにそのとき、モスクワにいましたが、こっちで物件を持っていて、ルーブルで家賃をもらっていたら大変なことになっていたなぁと背筋が寒くなりました。なにしろ、1ルーブル＝240円が4分の1の60円になったばかりでしたが、1989年11月7日の入国の日には5円（その後12銭）ですから。

　海外不動産投資を否定するわけではありませんが、不動産投資は、投資というよりも不動産賃貸業という事業経営ですからカンタンに考えていると痛い目にあいますし、日本で腰を落ち着けて取り組むよりも失敗する可能性は高くなるというように理解しておくといいでしょう。

　逆に言えば、海外不動産投資で成功されている多くの皆さんのように、その国に移住するか、それに近い関わり合いをもってやられるのであれば成功

の確率は高くなると思います。

　ただ、日本国内でさえ、きちんとした不動産投資を理解して実践している方はいまだに少数派ですから、まだまだやることも勝ち目も十分にあると思っています。

　ここまで、「人口減少と供給過剰のなかでもやれるのか」ということで、立地や物件の選定方法について触れてきました。

　ここで注意しないといけないことは、いま、あるいは今後数年のうちはよさそうな投資エリアや物件であっても、時代の変化によってその先はそうではなくなることもあり得るということです。大量供給が発生したり、政策的な影響があったり、それは誰にもわかりません。市場や世の中は自分に合わせてはくれません。

　では、どうするか。

　自分の投資を世の中の変化に合わせていくしかありません。永遠に同じ物件で投資しようとするから無理があるのです。

　「出口」を取って売却したり、建て替えたり、リノベーションを行ったり、ローンを繰り上げで返したり、はたまた追加で物件を購入したり。取るべき手はいくらでもあります。そして、その選択肢を減らさないように流動性がある（次の買い手がつきそうな）場所でやったり、過大なローンを避けたりという方策を打っていくというのが自分の投資を守る盾になります。

6

不動産投資は
どうやって進めるか

6　不動産投資はどうやって進めるか

　では次に、不動産投資はどうやって始めるのか？　時間軸でのステップを見てみましょう。多数出版されている不動産投資に関する書籍の中で、不動産投資の進め方についてはどういったサイトを使うかとか、どうやって購入申し込みをするかといった内容が数多く紹介されていますので、ここでは簡単な流れと、特に注意する点について触れます。

1）「グランドデザイン」と「ゴール」を決める
　① 　いくらの現金を投資するのか
　② 　いくらのキャッシュフロー（手取収入）がほしいのか
　③ 　それはいつから（何歳の時から）ほしいのか
……この三つをまず、最初に決めます。これをしないでスタートしてしまうと、「フルローンが引っ張れるもの」とか「利回りが○○％以上のもの」とか「なんでもいいから不動産オーナーになりたい」とかそっちのほうに振り回されることになります。

　そして、自分の背負えるリスク範囲を大きく超える投資に入り込んでしまったり、必要以上の規模拡大で身動きが取れなくなってしまったりということにもなりかねません。グランドデザインとゴールを決めることによって、こういった問題を避けることができます。収益物件はお金を生み出すシステムにしか過ぎませんし、それが生み出すお金も、モノやサービスや時間といったなにかと交換できる道具ですから
　④ 　「なにをしたいのか」
ということも明確にしておかないと、仕組みや道具を目標としてしまう誤謬に陥ってしまいます。

　ここで、注意する点は、
　　① 　スタート（投資する自己資金）
　　② 　ゴール（希望手取キャッシュフロー）
　　③ 　期間（その仕組みを作り上げるのに使う年数）

の3つの要素の関係性です。リスクとリターンには正の相関関係があるというのが投資の基本的な特徴ですから、投資資金が少なく、相対的に求めるキャッシュフローが大きい場合は、より大きなリスクを負担することになります。

また、仕組みを作り上げる期間を短くしたければ、より大きな投資資金を入れるか、求めるキャッシュフローを少なくするかという判断が必要になるでしょう。また、希望の期間に希望のキャッシュフローを実現するにはどういった方向性と規模で投資を進めていくかということも知る必要があります。

これらは、投資家ごとに許容度や希望が異なりますから、数値化して比較・判断することが求められます。

投資分析で使う数々の指標は、こういった判断をするためのモノサシとなります。この部分の計算方法や、判断のしかたの詳細を深く理解したい方には、前著『誰も書かなかった不動産投資の出口戦略・組合せ戦略』（住宅新報社）をお勧めします。具体的な例題をもとに解説してありますので、電卓やエクセルを片手にご自身の計画に落とし込むことができます。

2）自分に合った投資の方向性を出す

グランドデザインとゴールが決まれば、最終的にどのくらいの規模まで買い進めるかということが決まります。

また、自分の属性（居住地・勤務先・勤続年数・貯蓄額・負債額・年齢・持ち家かどうか・既婚者かどうか・保証人は立てられるかなど）によってどの金融機関を使うかということがおおむね決まりますから、さらにそこからその金融機関が得意・不得意とする地域、物件の特徴（新築・中古・区分・一棟、木造・ＲＣなど）が決まってきます。

先にこういった方向性を出しておかないと、せっかくいろいろ物件を検討

しても時間と労力の無駄になってしまうことになります。金融機関の取り組み姿勢については、刻一刻と変化していきますので、パートナーとして組む不動産会社が不動産賃貸事業向けの融資に明るければ、そういったところから情報を入手するといいでしょう。

　また、複数の金融機関に具体的な物件で仮に融資の事前相談を掛けてみるのも有効です。
　金融機関の出方や、得意・不得意、あるいは自分の投資の限界値を判断することができます（「物件を絞り込む」という項目でもう少し詳しく触れます）。

3）物件を探す
　自分がやるべき投資の方向性と自分ができる投資の見極めができたところで、いよいよ物件を探す作業にはいります。

　一般的には、収益物件を取り扱うポータルサイトや大小様々な不動産会社のＨＰから物件情報を仕入れることが多いと思います。その中でも、最大数の物件が掲載されているということにかけては業者間の物件情報流通システムである「レインズ」の右に出るものはありませんが、これは不動産業者しかのぞくことができません。

　ただ、不動産業者がこの膨大な情報の中から適正な投資物件情報を抽出できているかというと、そうでもなかったりしますので、具体的に「どのエリアで、どのくらいの価格帯で、どういった条件の物件が出たらすぐ紹介してください」と検索条件の指定をしておくことにより、このシステムを間接的に活用できるともいえます。

　また、地主さんや地元のアパート大家さんとつながりの深い、昔ながらの不動産屋さんは実際に売却依頼があってレインズに掲載するところまでいっていない潜在的な売却物件を持っていることもありますので、こういったところにもアンテナを張っておくといいでしょう。ほかにも競売や任意売却、

自分で土地から企画したり、建売業者に「こういったもので物件を作ってもらえれば購入します」と持ち込んだりといった方法もあるでしょう。

ただ、覚えておいてほしいのは「水面下情報・川上情報だからといって、いい情報とは限らない」ということです。

逆に、ロクでもない水面下情報がいっぱいあるのが不動産の世界です。投資として成り立つのかどうかといった目利きや計算ができない限りは、いくら物件情報数の分母が大きくなっても無駄になります。ここでも、投資分析や市場分析といった数値化して判断する力の有無が大きく差をつけます。

水面下の情報ではなく、出回って売れ残っている物件を適正価格に指値したほうがよい投資になるということもよくあります。それが、普通の人が見ればあまり魅力がなさそうな物件だった場合などは、さらによい投資になる可能性が高くなります。

4）物件を絞り込む

では、どうやって絞り込むかということです。

① 地域の絞り込み

投資として成り立ちそうな場所というのは前出の調査を行うことによって探すことができます。「自分の住んでいる近くで」「自分が知っているところで」「自分が住みたいところで」ということがよく言われますが、それ以上に「賃貸住宅経営に適しているか」という点を重視すべきでしょう。

物件の間取りや古さ、賃料設定は改善できても、立地の改善はできません。ただし、自分が住んでいる近所や、知っているところが「投資に適している地域」ということであれば、それは投資判断をするときに優位性があるとはいえます。

ただし、先入観や固定観念が出やすいともいえますので、きちんとしたデータや調査をもとに投資判断をするべきです。また、自分が住みたいところでということも、その投資対象となる物件や地域の入居者層が自分と同じような収入・年齢・家族構成をターゲットとするのであれば、これも優位性があるといえます。

逆に、そうではない場合は「自分が住みたいと思う」という条件が思わぬ失敗につながることがあります。

② **予算**
　一般的には自己資金と借り入れ条件で予算が決まってきます。たとえば、購入諸費用（物件価格に対して首都圏8％・地方都市10％・田舎15～25％（※））と頭金の規定（10～30％）を元にして考えた場合で試算してみましょう。
※登録免許税や不動産取得税の算定根拠となる課税評価（建物）など、物件価格にかかわらず差がつかないものがありますので、価格水準の違いによって、購入諸費用の負担率に差がつきます。

　たとえば諸費用8％＋必要な頭金10％ということであれば、自己資金÷（8％＋10％）＝買える物件の価格となります。つまり、自己資金500万円なら約2,770万円、1,000万円なら約5,550万円ということです。

　そして、物件の価格帯は地域によってまちまちです。
　新築の8戸程度のアパートであれば、都心では7,000万円～1億円、周辺都市で5,000～6,000万円前後となると思いますが、地方であれば3,000～4,000万円で探せるかもしれません。

　20戸前後の中古一棟マンションであれば都心で1億5,000万円～2億円、地方なら6,000～8,000万円といったところでしょうか。中古の区分ワンルームならば、800万円前後と300万円前後という差がつ

くかもしれません。

　やろうと思っている地域と、やろうとしている価格帯のマッチングというものがあります。たとえば、2,500万円前後が予算であれば地方都市なら一棟アパートかもしれませんし、都心部であれば800万円前後の中古区分を3戸という感じかもしれません。

　ないものを探しても、現実的ではありませんので、どのような物件がその場所で自分の予算とマッチングしているのかということを把握しておくことです。
　もちろん、これは一例ですから、他に担保提供できる物件があるとか、資産背景に強みがあるとか他の条件によってフルローンやオーバーローンを借りることができ、従って、より高額な物件が予算内に入ってくるということも申し添えておきます。

③　どんな融資がつきそうか
　金融機関によって、融資の規定は様々です。アパートローンを取り扱っていないところもたくさんあります。そういった融資商品がなくても、事業性資金として出す場合も、もちろんあります（その場合の多くは、融資期間が10年前後と短く、返済額が大きくなりキャッシュフローを押し下げることになりますが）。

　銀行系は金融庁、ノンバンクは経産省がそれぞれの監督官庁になりますから、都度、通達によって融資姿勢や重視する部分が変化するということも押さえておいたほうがいいでしょう。
　金融機関が融資を出すかどうかの判断をするとき、突き詰めると二つのことについて重きを置きます。ひとつは、「ちゃんと返済できるか」、もうひとつは「返済してもらえなかったときに取りっぱぐれがないか」。

　これを満たすかどうかの判断をするために、多くの金融機関は次の5つの規定を設けています。

ⅰ 収支規定……年間家賃のX％≧年間返済（金利Y％計算）
　X％で家賃を割り引くのは、空室損や運営費・修繕費をみているということです。でも、X＝80％の規定で、空室率25％平均の地域と5％平均の地域を同一に判断するというのは現実的ではありませんし、危険です。でも、実際は一律のケースがほとんどです。

　「銀行が融資してくれる投資だから安全だよ」という方もいますが、そんなことはありません。ここでの家賃自体がはたして正しい家賃なのか？　空室はどのくらい見込まないといけないか？　運営費（固定資産税や管理費、清掃費、水光熱費など）は家賃の何割くらいかかるのかといったことを個別に計算して本来の投資の安全性をみるべきですし、多くの場合は（正確な）投資分析の結果は、金融機関の規定よりも保守的なものになります。

ⅱ 担保規定……担保評価×Z％
　金融機関の担保評価は、土地価格（相続税路線価を土地の条件によって補正をかける）＋建物価格（同じ建物を新たに建て直した場合にかかる再建築費用を、新築時からの経過年数によって償却していく）＝担保評価、という計算によって算出されます。

　市場価格の形成において、アパートやマンションといった収益物件は一般的に利回りでその価格が決まります。たとえば、年間家賃1,000万円で、利回り10％でないと売れないということならば100万円÷10％＝1億円が売値ですし、5％でも買い手がつくならば1,000万円÷5％＝2億円、逆に20％でないと売れないならば1,000万円÷20％＝5,000万円。

　5％の利回り（2億円）でも買い手がつく場所は、きっと大都市の中心部で素晴らしい立地でしょうし、20％の利回り（5,000万円）でないと売れない場所は、おそらく人口の少ない寂れた場所でしょう。もちろん土地の評価は大都市のほうが高くなりますが、敷地面積は逆

に狭くなります。単価が３倍でも、面積が３分の１であれば同じ評価ということです。

　そして、建物の評価は同じ構造・規模・築年数であれば、大都会も寂れた場所でも差はありません。

　ということは、仮に土地5,000万円＋建物5,000万円＝担保評価１億円の物件であれば、利回り５％の都心の２億円物件を買うには、１億円の頭金か、他の同等の担保を差し入れないといけなくなります。

　利回り20％の5,000万円の物件であれば、１億円の評価があるわけですから満額やあるいは諸費用分も含めた融資が出せるということになります。

　ただ、ここには金融機関にとっても、投資家にとっても大きな落とし穴があります。
　利回りが低くても流通する場所は、それだけ投資家にとっても入居者にとっても人気のある場所であるといえます。利回りが高くないと流通しない場所は、逆に人気がないということでもあります。

　建物の維持管理にかかるコストは、家賃が高くて空室が少ない物件でも、家賃が安くて空室率が高い物件でも差はありません。

　利回りが高い＝収入に対して物件が安い＝人気がない＝空室が多い＋賃料に対する運営費の負担割合が大きい＝経営が大変……という構図で破たんするケースが数多くみられました。金融庁が「担保主義中心の融資を行わないように」という内容の通達を出したのもそのころです。

　担保評価で出した融資を回収するために、差し押さえ、競売という

手続きをしたところ、1億円の担保評価があっても5,000万円で買ったものは、やっぱり5,000万円、あるいはそれ以下の金額でないと売れないという、いわば当たり前のことにようやく気付いたということでもあります。

iii 頭金規定……物件価格×Ａ％＋購入諸費用
　前項を受けて、担保評価はともかく実際に投資家が買う物件価格を元にして、その何割かに融資を押さえておけば、回収リスクが低くなるだろうというもくろみで、この規定を重視する金融機関が増えました。

　2013年2月現在、頭金規定の一番厳しい金融機関は、「頭金30％＋諸費用＋予備費20％」を求められます。自行の定めた比較的甘い「収支規定＋担保規定」で、高利回りの地方ＲＣ物件に多くの融資を出し、そして多くの焦げ付きを抱えた金融機関でもありますので、いかに懲りたかということでしょう。

　仮に購入諸費用が物件価格の8％（首都圏で表面利回り8～10％前後の物件。地方で表面利回り15～20％となると、価格の割に土地も建物も大きいのでこの割合は20％前後になります。100万円前後の地方区分などの場合は物件価格の50％となることも珍しくありません）であれば、自己資金÷（頭金30％＋諸費用8％＋予備費20％）＝物件価格という計算になります。500万円の自己資金で買おうと思えば、500万円÷58％＝約860万円が買える物件ということです。

　一番ゆるい金融機関は、「頭金10％＋諸費用」という規定です。
　同じように自己資金500万円で計算すると、500万円÷（10％＋8％）＝約2,770万円。
　また、その他多くの金融機関では、頭金20～30％＋諸費用というところが多いですから、同様の計算をすると約1,310～1,780万円ということになります。

頭金の割合が少なければ少ないほど、金融機関にとっては回収リスクが高くなりますから、金融機関にとっての投資リターンである金利が高くなります。
　頭金の割合が多ければ、リスクが低くなりますから融資条件はよくなります。

ⅳ　標準生計費規定……金融機関によって、単純に年収何百万円以上となっていたり、計算式が用意されていたりします。
　収益不動産からの収入をあてにしなくても返済できるかどうか。生活費が足らずに銀行への返済にまで手を付けることにならないかということを金融機関はおそれます。定期的で安定した収入があるかどうかを見られます。それは、給与収入に限らず現金で購入した物件の収入が他にあるとか、安定した事業収入があるといったことでも構いません。

ⅴ　年収倍率規定……住宅ローンや自動車ローンなど、すべての債務の合計が年収の10〜20倍（金融機関による）を超えない範囲を上限とします。
　これは、ごく一部の金融機関が採用しています。サラリーマンの給与収入を返済原資として重視しているということの表れでもあります。

　アパートローンは、金融機関の融資商品として用意されているにしてもいないにしても「事業を行うための融資」として、住宅ローンや自動車ローンとは一線を画します。

　規定に収まっていても、金融機関の判断で融資が出ないこともあります。また、規定から外れていても融資が出ることもあります。

　また、購入価格の何割の融資がつくかということ以外にも、金利や返済年数といった条件も投資に大きな影響を与えます。

金融機関ごとの特徴や取組み姿勢に関する情報をパートナーとなる不動産会社や、セミナー、ブログなどから得て、ある程度見込みを立てたのち、事前審査や事前相談などでどこが自分の属性（収入・勤務先・年齢・持ち家か賃貸か・既婚か独身かなど）にマッチしているかを見極めるといいでしょう。
　それぞれ、物件や地域の得意・不得意がありますので、それが明確になれば物件取得への道はぐんと近くなります。

④ 投資として合いそうか：
　そして、最後は投資として合うのかどうかという判断です。そのためのモノサシとして市場分析と財務分析が必要になります。
　投資判断をするうえで必要になる数字的な要素は……
　ⅰ　家賃はいくら取れるか
　ⅱ　空室率（（年間解約数×空室日数）÷（総戸数×365日））
　ⅲ　運営費（固定資産税・管理費・原状回復費用・メンテナンス・光熱費・清掃費など）
　ⅳ　融資条件（借入額・年利・返済年数と保証料・事務手数料といったコスト）
　ⅴ　土地・建物・設備など金額の内訳
　ⅵ　不動産以外の課税所得額

　少なくとも、これくらいの情報が必要になります。
　空室率を予想するためには、近隣の需給ギャップを調べたりする必要もあるでしょう。
　こういった場合はこんな感じの投資をするといいとか、こういった失敗をする人が多いといったケーススタディーを後半の章でご紹介しますので、ここでは、計算方法については触れませんが、モノサシの揃え方や、計算結果の読み込み方については知識として身につけておくことをお勧めします。
　前著『誰も書かなかった不動産投資の出口戦略・組合せ戦略』（住宅新報社）では、この部分について計算の仕方なども含めかなり踏み込ん

で詳しくご紹介しています。

⑤　現地の確認

　いまどきは、グーグルなどのサイトで居ながらにして現地の雰囲気をつかむことができます。でも、現地に行かないとわからないことや、現地で気が付くこともたくさんあります。

　物件は、昼・夜・晴天・雨天（雪国であれば冬、台風の通り道であれば夏も）と見に行ったほうがよいといわれますが、これは真実です。

　現地に行ってチェックすることは……

周辺環境
- i　臭気：汚水処理施設、河川、工場の排煙、墓苑の線香、排気ガス、養鶏場、畑の肥料臭、病院
- ii　騒音：交通量の激しい幹線道路、電車の線路や踏切、病院・警察・消防署など救急施設、雨の日の高圧線鉄塔・ネオン管（ジジジ…という音が意外と気になったりします）、平日の工場（業種によっては、とんでもない音がすることもあります）、小学校や幼稚園、スポーツ広場や河原（子供の声が騒音と思われるようになってしまった時代もイヤなものですが……）
- iii　日照：南側にある大きな建物・橋や看板などの工作物・山・高台
- iv　湿気：建物に接した茂み、崖、虫が出そうな草むらや森・林、水路、井戸
- v　安全：街路灯の有無、駅までの道のりの雰囲気
- vi　忌避施設：墓・葬祭場・鉄塔・浮浪者のいる公園・風俗施設・ラブホテル・組事務所・見るからにおかしい家（ごみ屋敷的な）

ハード面
- i　建物の傾き：基礎や窓の周囲に不自然なヒビ割れ（クラック）が入っていないか
- ii　防水や外壁の状態：ヒビがないか、塗装面を触って手に白く粉がつかないか（チョーキング）、タイルの剥がれがないか

    iii　補修などが必要な部分がないか：錆、壊れ
    iv　すぐに取り替える必要のある設備はないか：給湯器・エアコン室外機

ソフト面
    i　近隣にうるさそうな人はいないか、もめていないか：張り紙や看板、バリケードなど
    ii　入居者の生活態度：自転車の置き方、ごみの出し方、共用部分の状態、干してある洗濯物の様子
    iii　物件と、近隣の空室状態：郵便受け、ガス・電気・水道メーター

　こういったことは現地に行かないとわかりません。
　問題が投資に及ぼす影響は、対象となる入居者層や地域特性によって大小が決まります。

　比較的賃料の低い単身向けで、都心部の物件であれば、日照や環境はあまり問題とされないかもしれませんが、子育て世帯向けのファミリータイプでは致命的かもしれません。

　解決できそうな問題であれば、修繕費や清掃費用、管理依頼費といった問題解決のためのコストを投資に織り込むとか、それに応じた値引き交渉をしてみるとかという判断になります。解決できそうにない問題であれば、場合によっては物件自体を見送るという判断も必要でしょう。

5）決定と申込み

承諾書	所属長	担当	担当

■物件に関する表示
- 所在地
- 物件名
- 面積　土地　　㎡/建物　　㎡

■代金支払いに関する事項
- 総額（税込）　　円
- 手付金　　円　平成　年　月　日（　）
- 中間金　　円　平成　年　月　日（　）
- 中間金　　円　平成　年　月　日（　）
- 残金　　円　契約後　ヶ月
- （融資利用の予定　　円　※借入予定先（　　））

■ご契約に関する事項
- ご契約日
- 平成　年　月　日（　）　：
- 場所

以上の内容において上記物件の購入を承諾します。

平成　年　月　日

買主　住所
　　　氏名　　　　　　　印

下記事項につき事前確認願います
- □固定資産公課証明書（土地・建物）
- □売却の理由
- □過去の修繕履歴（防水・外壁・給排水等）
- □賃貸借契約書・入居申込書
- □最新のレントロール・トラックレコード
- □謄本・公図・地積測量図・建物図面
- □建築確認通知書・検査済証・設計図書
- □上下水道・ガス埋設図面、道路査定図
- □隣地契約書・隣地立会証明（境界問題がある場合）
- □共用光熱費・消防点検・清掃メンテ費用
- □告知事項（物件・入居者に関するもの）
- □滞納者・退去予定者
- □消防設備点検報告書・貯水槽清掃報告書
- □水道メーター共有の有無

仲介料（税込）　　円
■仲介料の受領の時期

契約時お持ち頂く物	
□手付金	円
□印紙（印紙・印鑑代）	円
□その他費用（　）	円
現金合計	円
□印鑑（認印）	

※本承諾書において記載された個人情報については本件においての判断材料として利用し、他に使用することはありません。

物件の絞り込みができて、融資もいけそうということになれば、次に購入申込みという段取りになります。

盛り込むべき内容は……
- i　物件を特定する内容（所在・規模など）
- ii　「この金額なら契約します」という金額
- iii　その支払方法・時期（手付金・中間金・残金）
- iv　契約書に盛り込む条件（ローンの停止条件・預かり敷金はどちらに帰属するか・瑕疵担保責任の有無と期間など）
- v　購入意思がある旨の署名・捺印

購入申込みは、購入の意思表示と契約に臨むうえでの条件調整です。後出しの条件が出てこないように、土壇場でキャンセルにならないように、くれぐれも内容を精査してください。

意思を伝えて合意がなされれば当事者間においては契約が成立という見方

もできますが、一般的には仲介業者が入って、重要事項説明（宅建業法35条書式）を宅地建物取引主任者から受けて、売買契約書（同37条書式）を交わして、手付金の授受をして初めてお互いの拘束力をもつという流れになります。

つまり、購入申込みをした段階では、売主も買主もまだ契約に縛られていない状態ということです。

したがって、合意がなされた後に、もっといい条件の買主が現れてそちらに売るということも売主はできますし、買主はやっぱりやめたとキャンセルをすることもできます。

住宅の場合は、「せっかく気に入ってくれて最初に申し込んでくれたから、あとから入った他の申し込みより契約金額は安いけどこの人に売りたいわ」とか、「見に来たときの態度が気に入らないから、絶対あの人には売らない」とか、とても浪花節的な意思決定が働くことが多くあります。

一方、収益物件は、売る方も買う方もビジネスの要素が大きいので、申し込みの早い・遅いといったことよりも、申し込み価格が高い、現金購入や頭金が多い、融資の内諾が下りているなどローン解約になる可能性が低い、あるいはローン特約を付けない、残金決済までの期間が短い、瑕疵担保特約（雨漏りやシロアリなど見えないキズ＝瑕疵があった場合一定期間は売主が修繕の義務を負うという特約。売主が宅建業者の場合は引渡しから２年以内というのが義務付けになっているが個人や宅建業者以外の法人は任意）を付けなくてもいい……といった契約条件のメリットによって選択されることが多くあります。

仲介業者の立場で言えば、売りにしても買いにしても、契約申し込みのキャンセルはそれまでかけた時間・労力がすべて無駄になりますし（仲介手数料は基本的に成功報酬ですから契約が成立しない限りはタダ働きなのです）、相手方に対して謝罪をしたりと、そのあとの処理が大変なので、でき

れば避けてほしいというのが本音です。その後の付き合い方にも影響がでると考えていいでしょう。

　もちろん、契約の前に様々な問題が明確になって合意に至らないというケースは当然、誰も迷惑は被りません。逆に契約後にそれが発覚した場合のほうが問題は大きくなりますから、お互いに危険を回避できたということにおいては、当事者にとっても仲介業者にとってもよいことといえます。

　したがって、あとから出てきたら契約意思に影響を与えそうな条件があるのであれば「それがないこと」「それがあること」といったように、購入申込書にしっかりと記載しておくべきです。

　逆に、その条件があったとしてもやはり購入したいという意思があるのであれば、あえて条件に盛り込まずに競合排除に重きをおくという判断もありえます。

契約前に事前確認しておく事項

- ☐ 固定資産公課証明書（土地・建物）
- ☐ 売却の理由
- ☐ 過去の修繕履歴（防水・外壁・給排水等）
- ☐ 賃貸借契約書・入居申込書
- ☐ 最新のレントロール・トラックレコード
- ☐ 謄本・公図・地積測量図・建物図面
- ☐ 建築確認通知書・検査済証・設計図書
- ☐ 上下水道・ガス埋設図面、道路査定図
- ☐ 隣地要約書・隣地立会証明（測量図登記が無い場合）
- ☐ 共用光熱費・消防点検・清掃メンテ費用
- ☐ 告知事項（物件・入居者に関するもの）
- ☐ 滞納者・退去予定者
- ☐ 消防設備点検報告書・貯水槽清掃報告書
- ☐ 水道等メーター共有の有無

6）条件交渉
① 契約金額

「売値の何割値引き（指値）した」「何百万円まけさせた」という武勇伝を書籍やブログで見かけます。果たして、それが正しいのかというと、これも投資分析をした結果導き出された「投資として成り立つ金額」でないと意味がありません。

仮に3,000万円で売りに出ている物件を半額の1,500万円にしてもらったとしても、その投資価値が1,000万円であれば、500万円高く買ったことになります。投資価値は実際は3,500万円であって競合が多ければその金額まで値段を上げてでも買ったほうがいいかもしれません。こういった金額は、単純に表面利回りがどうといったことでは計算できませんし、分析なしに見ると一見よさそうな投資が悪かったり、悪そうな投資がよかったりすることがよくありますので、そういった意味でも知識を身につけることそのものが、よい投資になるということでもあるのです。

② 支払方法・時期（手付金・中間金・残金）

手付金の額は、宅建業者売主の場合は手付金の保全の関係で未完成物件であれば中間金を含めて5％以下、それ以外であれば10％以下というケースがほとんどですが、個人間の場合は特に決められていません。一般的には5〜20％ということが多いと思います。

手付金は、契約解除の時にそれぞれが負担するペナルティーの基礎となるお金ですから、あまりにも少ないと、その効力が小さくなります。当座用意できる手付金が比較的少ない場合は中間金として不足分を補完するということで、次善の策とする条件提案もあります。

また、残金の支払いについては現金購入であれば数日から数週間後（場合によっては契約と代金決済を同時に行います）、融資を使う場合は1か月から2か月後、新築で未完成の場合は完成時期に合わせて木造アパートで4〜6か月、マンションであれば、4〜6か月プラス1フロアごとに1か月（規模にもよりますが、5階建てであれば1年前後）となります。

③　ローンの停止条件

　　融資を受けて物件を購入するという場合、もしも融資が不調となったら支払った手付金を無償で返還してもらうという特約です。消費者保護の立場でいえば必ず付けたい特約ですが、売主にしてみればその特約期間は、いつ契約が白紙になってしまうかわからないということで不安定な状態になります。万が一、そうなれば、せっかく受け取った手付金を戻し、契約解除の合意書を交わし、再度広告を含めて市場に売り物件としてラインナップし、新たに買い手を見つけて、条件交渉から始める……という気の遠くなるような手間を最初からかけなおさないといけなくなります。もしかしたら、すんなりローンが通るいい条件の顧客を、この白紙になってしまう契約を結んだことによって逃してしまっているかもしれません。機会損失です。

　　特約を付けるにしても、「すでに融資の内諾をもらっている」とか、「場合によっては自己資金はいくらまで増やせる」とか、「ほかに担保に入れられる物件がある」とかいったポジティブ要因があれば、売主の不安を和らげることができると思います。そして、競合が激しく非常に魅力的な物件ということであれば、万が一の場合は手付金を捨てる覚悟で「ローンの停止条件を付けない」ということをアドバンテージにして契約する権利を得るという力技もあるということを知っておくといいでしょう。

④　預かり敷金はどちらに帰属するか

　　関東と関西で商習慣が違います。関東では、預かり敷金は「入居者に対して返還義務のある債務」ということで、売主から買主に引き継がれるのが一般的です。たとえば、3,000万円の物件で30万円の預かり敷金があれば、買主から売主に売買代金の3,000万円が支払われ、売主から買主に30万円の預かり敷金が渡されます。現金のやり取りだけみると、3,000万円－30万円＝2,970万円が買主から売主に支払われるというかたちになります。

　　一方、関西では持ち回りということで、物件を売ってしまえば、預かった敷金はそのまま売主の懐に入り、買主はその返還債務だけ負うと

いう取引が一般的です。敷引きで家賃の5か月分とか6か月分とかいった関西特有の預かり金の場合、それはかなりの金額になりますので、こういったお金の扱いについても契約前に取り決めておくことが必要です。

⑤ 瑕疵担保責任の有無と期間など

前出のとおり、雨漏りやシロアリ、建物の傾きなど特に躯体・本体にかかわる見えない問題点があった場合の保証をどうするかということです。特約の付保が義務付けになる宅建業者**以外**が売主の契約では、これをどうするか取り決める必要があります。

建物があまりにも古い場合は、土地が主で建物は無価値の付帯物として瑕疵担保責任は負わないとすることが多いでしょうか。契約前に、建物の状態調査（インスペクション）を行うことができれば理想的ですが、費用負担の問題や、自宅と違って室内への立ち入りなど入居者の協力を得なければならないなど、まだまだ一般的ではありません。

交渉を成立させるには、相手が求めていること、それは価格なのか、支払い条件なのか、確実に売れることなのか様々だと思いますが、それと自分が求めていることの妥協点を探すことです。

そして、こちらの主張する条件を、嫌味なく納得してもらえるように、「同様の物件で成約している利回り」や「銀行の算出する担保価値」、「土地の取引事例や市況からみた価格」（物件によって、必ずどちらかが低くなりますから、低いほうを交渉価格の裏付けとするといいでしょう）や「修繕にかかる費用」「解体や立ち退きに伴う費用」など、具体的で公平性のある数字をもとに、売主がこちらの求める答えを導き出すような交渉の組み立てをすることです。

もちろん、浪花節的な部分を大切にする売主も少なからずいますから、そういった部分に働きかけるのもいい方法でしょう。そして一方的な条件交渉でなく、相手の求める部分を見極めた譲歩によって、いい取引だと思ってもらえるような結論が導き出せれば成功といえるでしょう。

本業で、営業的な仕事やマネージメント、あるいは社内調整を仕事として

いる皆さんにとっては、得意とする分野かもしれませんね。

7）売買契約

　売主・買主で顔を合わせ（場合によっては、郵送でやり取りをすることもありますが）、宅地建物取引主任者から重要事項の説明を受け、登記事項証明書や公図・測量図・建物図面・建築確認図書・賃貸契約書・固定資産税納付書といった関連書類を受け取り、契約書の条文を読み合わせて、双方納得の上で署名捺印、手付金の授受という流れで契約は進みます。

　多くの不動産会社は、住宅の売買が中心で収益用不動産の取り扱いの頻度が少ないので、一般的な不動産の契約書をそのまま流用することがほとんどだと思います。

　収益物件の売買契約には、特有の条項が必要ですから、ここでご紹介する内容について契約の時には取り決めをしておくことが必要です。参考例を契約書に盛り込むなり特約条項として別紙で添付してもらうといいでしょう。
　条文によっては、売主側あるいは買主側の立場寄りのものがありますが、「こういったこと」が取引に際して問題になる可能性があるということで理解しておいてください。

収益物件特有の条項

1. 売主は本物件建物及び付帯設備等を現状有姿のまま引き渡すものとし、売主は本物件建物及び付帯設備等につき、経年変化による品質、性能上の劣化並びに使用損耗が生じていることを予め告示し、買主はこれを了承し買い受けるものとする。

　　（解説）　通常の住宅の売買であれば、ここが壊れているとか、あそこは直したとか、建物の状況を示した一覧表を作成して買主に渡します。そして、引渡しの時にその状態のままかどうかを現地でチェックします。もともと壊れていますという告知がされていた

ものは、そのままですし、壊れていないという告知のものが壊れていれば、それは売主が直す義務を負うということです。ただ、収益物件の場合は賃貸中の部屋は内部を確認することができないので、こういった条文を交わすことになります。逆に言えば入居者が退出したら使用状態が非常に悪く、大きな出費が出るというリスクもあるということですが、それがわかるのが何年後になるのかもわかりませんから、そこまで売主にリスクを負担させられるかというと現実的ではないということです。

2．本書で説明している全ての事項について、今後関係法規の改定、変更、新設により、その内容が変わる場合があり、現在の建築物と同一規模の建築物や現在建築可能な建築物の建築ができなくなる場合があります。

（解説）　集合住宅や長屋住宅は多数の住民が利用する特殊建築物ですから、一般的な住宅よりも多くの規制があります。それまで、許可が出ていた建物がもう建たないということもあり得ますが、それを売主に担保させるというのも現実的ではありません。ただし、法律や条例が変わっても既存不適格建築物（違法建築物とは違います）となるだけで、その後の使用については何ら問題は生じませんし、適法にするための改善も求められません。※但し、平成17年6月1日に建築基準法の改正があり、100㎡を超える特殊建築物、5階建又は1,000㎡以上の建築物など、一定のもので、損傷・腐食などの劣化が進み、保安・防災・衛生上有害となるおそれがある場合、是正の勧告・勧告命令をする制度ができました。特殊建築物には、アパート、マンションなどの共同住宅、用途変更で寄宿舎扱いになるシェアハウスなども含まれます。

3．本物件の周辺敷地は第三所有者によるものであり、今後建築物等の新築、増改築などにより周辺環境、日照眺望、風向等が変化する場合があります。

(解説) これは、収益物件に限ったことではありませんが、アパートやマンションが建つ立地というのは大抵、建ぺい率や容積率が大きいので、それまで小さな住宅だったところが３階建てやそれ以上のものに建て替えられる可能性が高くなります。それは、物件の日照や通風を阻害するおそれがありますが、第三者の敷地に建つものが適法であればそれを拒むことはできませんから、後々のトラブルを防ぐためにもこういった条文が必要になります。

4．売主及び、買主は別添「建物賃貸借契約書」の通り、本物件を第三者に賃貸中であることを互いに確認し、買主は当該賃借人付きの状態で本物件を買い受け、所有権の移転と同時に賃貸人としての地位を同条件で売主より継承するものとする。また、賃貸人の移転については、所有権移転後速やかに売主は買主と協力して賃借人に対して文書にて通知するものとする。なお、所有権移転時における賃貸中の部屋の確認、詳細は、別添「建物賃貸借契約書」によるものとする。

(解説) 一般的な不動産売買契約書では、買主の自己使用を目的とした想定が基本となっています。オーナーチェンジで引き渡される収益物件が、なぜか明渡し条件の条文がそのままになっているおかしな契約書を時々見かけます。

5．売主は、本物件の所有権の移転をする際に買主に対して「建物賃貸借契約書」の原本および鍵を交付するものとする。買主は賃貸人の地位を継承した後は、自己の責任と費用負担（鍵の開錠なども含む）において賃借人との関係を処理するものとする。但し、賃貸人の地位の移転（継承）前に起因して生じた売主または賃借人の債務不履行については、売主の責任と費用負担にて解決するものとする。

(1) 本物件は、現状有姿にて引き渡すものとする。本物件は賃貸中であり、入居中の居室内部を実査、点検することができないため、室内部の現状及び建物付帯設備の状況は不明。したがって、売主は買主に対

して「付帯設備表」の交付（説明）を行わない。建物及び建物付帯設備は、所有権移転後に修理及び交換が必要となる場合があり、その際には買主の費用負担が発生する場合がある。

(2) 賃料及び管理費、固定資産税等の精算金については、引渡日の前日までの分を売主の負担または収益とし引渡日以降の分を買主の負担または収益として、引渡時に精算するものとする。売主は買主に対して、賃借人より預かりのある敷金について引渡時に支払うものとする。

（解説）　賃料の未回収分の扱いをどうするかという取り決めです。滞納債権を売主から無償でもらえたりすると、自分で入居者に督促をかけて回収した分がごっそり自分の取り分になります。また、固定資産税の清算（起算日は1月1日にするのか、4月1日にするのか）、敷金の取り扱い（前出の関東方式か関西方式か）、あるいは受け取り賃料の清算方法（入居者との賃貸契約書のまき直しのスケジュールを見込んで、引渡しの翌月までは売主口座に振り込んでもらうようにして、日割り＋1か月分を売主・買主間で先に現金精算しておく等）なども決めておく必要があります。

6．売主は本物件につき、賃借人の賃料延滞などがない状態であることを買主に呈示し、万一延滞が発生しているまたは本物件引渡しまでに延滞が発生する場合は、売主の責により本物件引渡しまでに精算業務を行うものとする。

（解説）　ふたを開けてみたら滞納者だらけだったということを避けるために、売主に責任を負担してもらうための条文です。引渡しを受けるまでは、賃貸契約の当事者でありませんから買主側としては基本的に滞納者に対してのアクションを取ることができません。よい状態でスタートできるように協力を依頼します。地主系の自主管理大家さんの場合、長期の滞納でさえ把握していないということがよくありますので、確認を促すという意味合いもあります。

7．消防法等の改定（平成18年6月1日）により、全ての住宅に住宅用防災機器（火災警報器）の設置及び、その維持が義務付けられており、義務化以降は設置及び、その維持について各市町村条例の定めに従う必要がある。なお、本物件には住宅用防災機器が未設置の為、設置する場合買主の負担によって行うものとする。

　（解説）　この条文では、買主負担となっていますが、もちろん引渡しまでに売主に設置を求める条文でもかまいません。問題なのは、いままでも、これからも消防法で義務付けられている設備を整備しないまま賃貸物件を運用することです。万一、火災が発生して入居者の死亡事故が発生した場合、賠償金を含め、貸主として非常に重い責任が発生します。

8．対象不動産は集合住宅につき、他の居住者の生活行動や共有施設の作動、使用に伴い騒音及び振動が生じる場合がある。

　（解説）　これは、賃貸用ではない自己使用の区分マンションの契約、あるいは賃貸借契約でも入れておくのが望ましい条文です。入居者によって音に対する許容度は違いますし、防音性能が高い物件でも完全に遮音するのは困難です。

　一般的に使われる売買契約書には、必ず最後のほうに「本契約に定めのない事項またはこの契約の定めについて解釈上疑義を生じた事項について売主及び買主が民法その他の法令及び不動産取引の慣行に従い誠意をもって協議し定める」といった内容の条文が盛り込まれています。
　「なにかあったら話し合いで決めましょう」ということで、これもとても大事なことですが、契約書を交わす時点ですべて取り決めをしておくことによって、無用なトラブルや行き違いを避けることができます。
　そして契約当日に見落としや未消化の部分がないよう、事前にひな形を入手して読み込んでおくことです。

8）引渡し

物件の引渡しは、残代金の支払いと同時に登記済権利証（最近は電子化されてしまいましたが）や賃貸契約書、設計図書関係、設備の取説や保証書そして鍵の引渡しを受けることが、現地での最終確認後に行われます。

残代金決済の手続きは融資を使うのであればその金融機関で、現金決済であればやはり口座のある金融機関か、司法書士事務所で行われることが多いです。

現地の確認は、オーナーチェンジ物件の場合は室内を見ることができませんので、割愛してしまうことが多いと思います。ただし、一棟ものであれば現地の境界杭の確認や外回りの状態が、契約時と変わりがないかといった確認はできますので、実施すべきでしょう。

移動が必要になりますし、時間もかかりますので、前もって別の日や時間帯に済ませておくことをお勧めします。何かあった場合に、残代金支払いまでの期間中に是正することをお願いすることもできます。

もしも、是正の期間が間に合わない場合は決済を伸ばすか、覚書・念書、是正費用相当の支払い留保などで実施の担保をします。

9）運営本番

無事に、引渡しが終わった時点で自分がその物件の所有者でなおかつ賃貸人となります。入居者にはその旨の通知をして家賃の振込先の変更などをしてもらうことになります。賃料の収受を管理会社が行っている場合で、その管理を引き継ぐ場合は入居者からすると振込先が変わるわけではありませんので、ひとつ手間は省けます。

ただし、賃貸契約書の貸主は、前所有者のままになっていますのでその旨を知ってもらう必要があります。賃貸契約書を作り直すか、貸主としてのすべての権利義務を引き継いだという書類を交付するかということになります。その場合、旧所有者と連名で書類を作成しないと、新手の詐欺と疑われたりしますので、引渡しの時には書類を整備して売主＝旧所有者に署名捺印

をしてもらうようにしてください。

10）大家になったそのあとは

　収益物件を買って、それでゴールではありません。大家業を成功させるためのポイントを整理すると……
　　① 家賃が下がらないようにする
　　② 空室が出ないようにする
　　③ 運営費を見直す
　　④ ローンの内容を見直す
　　⑤ 物件のリスクを減らす

①～④の項目は、手取り収入を増やすことになります。そして、多くの場合は同時に⑤を実現することになります。

① 家賃が下がらないようにする

　入居者募集をするときに、家賃を下げて決めるというのも有効な方法のひとつです。ただ、一度下げた家賃レベルは他の部屋にも影響しますし、一定レベル以上の家賃の物件のほうが入居者を決めやすいというケースはよく見受けます。低額賃料の物件は不良入居者を集めてしまうという問題もあります。

　また、家賃を下げることは物件価値を下げることになりますので、ファンドなどは紹介料を奮発したりしてでも募集家賃を下げないよう努力しています。

　それが、正しいことなのかどうかは別として、安易に賃料を下げる前に他にやることがないかどうかを検討してみることです。

　リフォームや、清掃、広告媒体や告知方法の見直し、リーシング業者との連携などいくらでもあるはずです。

② 空室が出ないようにする

　空室が出るのは、実家に帰るとか転勤するとか、仕方のない理由は別として防げる場合もあります。入居者に対してサービスを行いより長く住んでもらうことを「テナントリテンション（入居者保持）」と呼びます。

支払っている賃料に対して、住環境なども含めて受けているサービスが不足している＝割高だと感じれば、それはクレーム（ＣＰＭ（※米国認定不動産経営管理士）の世界では、サービス・リクエストといいます）となって表に現れます。

でも、そのようにクレームとして問題点が顕在化してくれるのであれば、何かしらの対処ができますのでまだそれはありがたいことです。

怖いのは、何も言わず不満だけを胸に去っていく入居者です。

退去が続き、空室が目立ってきたときには、大家として入居者から受け取っている家賃にふさわしいサービスや住環境を提供できているか、ということを改めて反省すべきです。

必ず、何かしらの答えが見つかるはずです。

③ 運営費を見直す

　収益物件を運用していくためには、様々なコストがかかります。それは、見直しをすると下がる場合もありますし、逆にコストを上げてそれ以上のリターンを得るという考え方もあります。運営費もやっぱり投資として考えるということです。

　　ⅰ　光熱費
　　　たとえば、共用部分の光熱費を下げるために白熱灯を蛍光灯に変えるか、ＬＥＤに変えるかという判断をするとします。ＬＥＤのほうが光熱費は下がりますが、初期費用は高額になりますから、蛍光灯が正しい選択肢かもしれません。
　　　ただ、ＬＥＤは蛍光灯と違って虫を誘因する波長の光を出しませんから、そういった要因が多い地域では清掃費用や成約率・稼働率にまでよい影響を与えるかもしれません。あるいはエントランスから奥まったエレベーターホールや、階段室、地下駐車場など一日中点灯が

必要な場所であれば、初期費用の差額をすぐに回収できてしまうかもしれません。

ii 賃貸管理費（PMフィー）

家賃収入の3％、5％、7％、10％。あるいは定額でいくらといった設定で賃貸管理業務を請け負ってくれる会社があります。こういった会社に依頼しないで、自ら運営することを「自主管理」といいます。自主管理をすれば、賃貸管理費はタダですからコストダウンになります。ただし、同じ労力と時間を使って本業でもっと稼げる人であれば、外注（アウトソーシング）したほうが家計全体の収入はアップします。

また、専門的に行う賃貸管理業務と同様のサービスを入居者に与えられないと、それは退去や空室につながりますので、コストダウンした分を上回る損失を発生させる場合があります。

それから、空室を顧客に紹介するときに、自社で管理している物件のほうが優先順位が高くなり自主管理物件は後回しになってしまうという業界の仕組みも忘れてはいけません。

肝心の賃貸管理業務は、入居者募集・図面や看板の作成や賃料回収、入居者や近隣からのクレーム対応、建物の維持管理など多岐にわたります。場合によっては、資本改善や募集条件の見直しなど、コンサルティング的な側面にまで至ることもあります。

「賃貸管理費」と「その会社が行う業務の質と量」のバランスが取れているかということを見るといいでしょう。どんなに安くても、なにもやってくれなかったり、質が低いサービスしか受けられないとすればそれは割高になりますし、比較的高額と思えても、それを上回るリターンを与えてくれるサービスであれば、依頼するだけの価値があるということです。

iii 清掃費用

どの範囲までやるか、どのくらいの頻度でやるか悩ましいところですが、共用部分を清潔にしておくことは、稼働率や賃料に影響しますので予算を組んで定期的に行うことです。

実施範囲は、共用廊下（床・壁・天井）・階段・エントランス・玄関ドア（外側）・集合ポスト・建物周り・植栽・ごみ置き場・駐輪場、共用灯。

　作業範囲は、掃き掃除、拭き掃除が基本（日常清掃）でこれを月2～4回実施します。自宅がそばで、毎日やっている大家さんもいますし、まったくやらない人もいますが、最低でも月3回くらいはやらないときれいな状態は保てませんし、敷地内や隣接地に大きな木があって落葉が多いとか、グラウンドが近くにあり埃が多いとかいった条件であれば頻度はより増やさないといけないでしょう。

　それから規模が大きくなれば、それだけ共用部の利用者数が多くなりますので、3か月ごととか半年ごととか物件によって違いますが、本格的なワックスがけや高圧洗浄、ポリッシャーによる洗浄なども必要になります（定期清掃）。コストは2階建てアパートで月3回日常清掃を頼んで、およそ世帯あたり1,000～2,000円、定期清掃は都度数万円といった金額が一般的だと思います。頼む業者や内容によってかなり差がありますし、簡単な作業であれば近所のお年寄りにお願いするといった方法もありますので、いろいろあたって作業内容と金額のバランスのとれたところを探してみてください。

　それから、建物周囲の土の部分に防草シート＋砂利、あるいは真砂土や土間コンクリートを施工したり、樹木を伐採・撤去してしまったりということも、清掃系のコストを下げるよい方法です。

iv　火災（損害）保険

　付保金額を下げれば保険料も下がりますが、それがいいコストダウンの方法とはいえません。万一の火災や地震の場合の保証は十分につけておく必要があります。

　どちらかというと、付加期間を比較的長めにして一括で保険料を払ってしまったり、不要と思われる特約を見直したりということをするといいでしょう。

　それから、火災保険は建物の「構造」と「用途」で保険料が随分変わったりします。

木造でも準耐火構造になっていれば(多くのアパートはこの構造になっています)安くなりますが、そういう保険契約になっていない場合もあります。店舗併用だった建物を専用住宅に用途変更すると、これも保険料が安くなります。

v　固定資産税・都市計画税

固定資産税が高いんじゃない?と不服がある場合は固定資産税評価審査委員会に「審査の申出」を行い、審査の結果主張が正しいと認められれば減額してもらえます。

それ以外に、下がる可能性があるのは用途を変更した場合です。

たとえば、「住宅」敷地の場合の固定資産税評価は、3分の1(200㎡以下の部分は小規模宅地の特例で6分の1)に軽減されますし、都市計画税評価は同じく3分の2(小規模宅地の特例部分は3分の1)です(2012年現在)。

商業ビルや店舗はこの軽減がありませんし、併用であれば面積按分となります。リノベーションや用途変更で住居系建物になっているのに、軽減を受けていない状態で税金を払っている場合もありますので、そういった場合は注意してください。

逆に、戸建てを住宅としてではなく店舗や事務所として使いたいというテナントに貸し付けた場合、固定資産税・都市計画税が上がってしまうこともあります。

それから、古い住宅を解体してアパートを新築する場合、解体して更地の状態で年越ししてしまうと、この場合も住宅敷地としての軽減は受けられなくなりますので、タイミングにも気を付けてください。

vi　消防点検

アパートやマンションといった共同住宅(シェアハウスも「寄宿舎」として含まれます)は「年2回の消防点検」、「3年に1回の消防署への点検報告書の提出」をする義務があります。一定規模以上のものでなければ不要でしょ?と勘違いしている人も多いですが、規模は関係ありません。1,000㎡以上で消防長・署長に指定された共同住宅は「有

資格者」に点検させなければいけない。それ以外は「自ら」点検し、消防長または消防署長に報告しなければならない（消防法第17条の3の3）ということです。頻度は少ないですから、消防設備点検資格者の資格を取って自分でやるのもいいでしょう。また、清掃会社が有料サービスで消防点検を安くやってくれる場合も多いので相談してみてください。一般的には1回あたり3万円前後という会社が多いと思います。

vii 受水槽清掃

　高台に建つ建物、前面道路の水道管が細い建物、高層の建物などは、ポンプで揚水するため一時的に水道水をためておくタンクが設置されています。共同住宅の居住者ひとりあたりの水使用量は250L前後と設計上は計算しますが、その半日分が常時蓄えられるようになっています。この受水槽は半年ごとに清掃・点検が義務付けられていますが、この費用は5万円程度かかりますので、年間10万円前後はコストがかかるということです。

　建築された時には、受水槽を設置せざるを得なかった地域の水圧が改善されていたり、増圧ポンプで直接揚水できたりという場合は、適応させる工事を行うことによって受水槽を撤去することが可能になります。

viii エレベーター点検

　エレベーターの点検・整備作業を毎月1回、定期検査と特定行政庁への報告を年1回行うことが義務付けとなっています。維持管理にはトータルで面倒を見てくれるFM（フルメンテナンス）契約と、故障部品の交換や修復作業は別途のPOG（パーツ＋オイル＋グリス）契約があります。当然、POG契約のほうがコストは安いですが、エレベーターの利用者数や、製造年などを勘案して選ぶといいでしょう。

ix 除雪・融雪

　雪国では、除雪・融雪のコストもかなりの負担になります。札幌市などでは幅8m以上の道路、2m以上の歩道などは行政が除雪作業を

してくれますが、そうでないところは自分でやることになります。敷地めいっぱいに建てられているかどうかなど、物件によって違いますが、小さなアパートでも冬の降雪時期ワンシーズンで、30万円前後のコストがかかる場合があります。

ロードヒーティングとのコスト比較を行うとか、井戸水を利用できるようにするとかといったことが必要になります。駐車車両や歩行者に思わぬ被害を与えてしまう屋根からの落雪や雪庇（せっぴ＝屋根からはねだした雪の塊）対策では屋根の形状を工夫したり、凍害対策あるいは、光熱費対策では外断熱にするといったことが有効です。

x 入居者入れ替えに伴う原状回復費用

東京ルール（原状回復をめぐるトラブルとガイドライン：国交省）が全国的に運用されるようになって、原状回復工事のオーナー負担も増えてきました。設備や内装の通常損耗（普通に住んでいて古くなっていく、傷んでいく）については入居者から負担金を取るのが難しくなっています。さらに平成19年の減価償却に関する税制改正に準拠して平成23年8月改正で残存価値割合10％が1円となりました。

たとえば、新築アパートに設置されている6万円相当のエアコンを入居者が6年後退出するときに過失でこれを壊してしまった場合、昔だったら交換費用を全額負担させていたと思います。

それが、10％＝6000円の負担になり、今では1円しか負担させられなくなったということです。壁紙も、床も同じような考え方になりますから、傷のつきにくい床、洗浄可能な壁紙などを内装に使うという選択はコストダウンになります。

xi 空室募集に際してリーシング業者へ支払う報酬

地域差はありますが、いまや空室に入居者を付けてもらうためにリーシング業者へいくらかの報酬を支払うことが常態化しています。賃料の1か月分という地域もありますし、4か月（！）という地域も。特に、過去ファンド系物件が大量供給された地方都市において負担が多い傾向が顕著に見られます。

結局は、需給ギャップが大きくマイナスな場合のカンフル剤的なものになりますので、そういった地域で物件を運営している場合はついて回る問題となります。
　ただし、間取りや賃料、運営状況の良し悪しによっても入居者付けのしやすさは違ってきますので、自分の物件を競争力のある物件に作りこみできれば、こういった募集コストを圧縮することが可能になります。

④　ローンの内容を見直す
　物件を購入したり、建築したりする場合、金融機関から融資を受けることがほとんどだと思いますが、借りるときには検討を重ねた金利や融資条件について、運営が始まって何年かすると、意外と無頓着になる人が多いです。
　きちんとした運営によって順調に返済が進んでいる不動産担保の融資は、担保余力や返済能力などの部分で他行からみると安全で魅力的な貸付けになっています。したがって、借り換え案件として積極的に営業を掛けるという方針の金融機関は少なくありません。

　借り換えには、抵当権設定登記や手数料など特有のコストが発生しますが、それを支払ってでも返済額が減ったり、返済年数が短縮できたりとか、コスト以上のメリットがある場合が多いですし、そういった他行からの持ちかけを対抗馬に既存借入先との条件交渉を行うということもよい方法です。

　以上のように、実際に物件を手に入れたあとでもやるべきこと、見直すべきことはたくさんあります。

　相場家賃から空室損や運営費を控除したNOI（営業純利益）をいかにして、高められるか？　物件のリスクプレミアムをいかに低くできるか？　物件を磨き上げたり、入居者へのサービスを充実させたりという一見お金がかかることに十分な投資をして、それ以上のリターンを得るというのが、不動産投資のキモであることを強調したいと思います。

7

自己資金ごとの投資パターン
（首都圏の場合）

7 自己資金ごとの投資パターン（首都圏の場合）

　ここでは、自己資金ごとの投資パターンで比較的成功しやすいものをご紹介します。もちろん、投資の仕方はさまざまですし、首都圏以外の地域でもよい投資ができる場合が多くありますので、あくまでも参考としていただければと思います。

　また、「自己資金はあまり出したくないが、預貯金はかなりある」「土地はあるけど現金はない」「ローン返済が進んで担保余力が十分にある物件を持っている」「投資で成功していて他の物件から十分な収入が得られている」という資産や収入の背景があるケースでは、個人・法人を問わず、自己資金ゼロでも満額融資してくれるケースもありますし、これからご紹介するパターン以上の物件が買える場合も多いでしょう。

　ここでは、そもそも現金がそれだけしかないし、それ以外の背景も特筆すべきものがない、という前提で考えてみましょう。

1）自己資金100万円以下

　自己資金100万円以下からのスタートとなると、選択肢は非常に少なくなります。

① **100万円以下で買える物件を現金で買う。**
　「100万円以下の物件なんかあるの？」と言いたいところですが、よく探せばないこともないです。首都圏とはいえ不便な場所にある一戸建てとか。

　この原稿を書いている時点の情報を調べてみると……ありました。

　80万円の一戸建て。
　諸費用を入れても100万円以内に収まるでしょう。

　最寄駅からバス30分、バス停から徒歩15分。土地は約130㎡（所有権）・築年数不詳の木造住宅が建っています。

家賃相場を調べようと思って賃貸住宅のデータベースで検索しましたが、物件がありません。こういったケースでは①需給ギャップが大きくプラス（借りたい人が非常に多く、物件が不足している）の場合と、②そもそも借りる人がいないので供給がない場合の両方が考えられますが、どうみても後者のような気がします。地図を見ても、まばらに小さな集落があるだけ……貸せそうな気がしません。

　もちろん、貸せそうな場所で、そういった価格帯の物件を探すのも悪い方法ではないと思います。再建築不可・借地権・連棟式といったものでなければ、最終的に土地売りや実際に自分で住む人（その多くは、入居者だったり近隣の人だったりします）に売り抜けることもできるでしょう。

　ただ、再建築不可など前述のケースに当てはまらなくても、低価格のものはそれ以外の部分で致命的な欠陥をもっている場合がほとんどなので、心してかかってください。

　そして、最初貸せる状態にするまでの修繕費や、入居者入れ替えに伴う原状回復費用、保有中の維持管理費などが購入価格をすぐに上回ってしまうことがあるのが、低額物件の注意点です。

　自己資金を使い切り、購入したあとは、すっからかんという資金繰りであれば、持ちきれなくなる可能性が高くなるでしょう。

② 100万円の自己資金で不足分の融資を受けて買う。
　アパートローンを使っての物件購入ということであれば、頭金規定10％の金融機関を使えば、およそ500万円程度の物件ということになります。表面利回り10〜11％、家賃4.5万円前後の区分マンションといった感じでしょうか。ローン返済は2.3万円、管理費・修繕積立金が0.8万円、固定資産税が月平均0.3万円、賃貸管理費が家賃の5％として毎月9千円弱のキャッシュフローですから、ちょっと厳しいかもしれま

せん。

　前項に戻ってしまうかもしれませんが、家賃が２万円位で80万円（諸費用込み100万円）位で買える区分マンションというのも地方でよく見かけます。

　表面利回り30％ということです。

　これならいいかというと、２万円の家賃から引かれる管理費や修繕積立金、固定資産税などは変わらないわけで、やっぱりキャッシュフローは毎月８千円弱と同じような数字になります。

　では、ローンを組まないだけ後者の（表面利回り30％）物件のほうがよいかというと、それはたとえば、原状回復工事でかかる５万円前後のコストが家賃の１か月分の負担で済むのか３か月分の負担になるのかというところで、差がついてしまうわけです。

③　投資として成り立つ物件を自宅として買う。
　今も将来も実家で暮らすとか、極端に居住費の低い社宅や官舎で暮らしているとか、生活の中での居住コストが低い人は、普通の人が支払うであろう家賃相当額との差額を貯蓄することをお勧めします。「（家賃を）払ったつもり貯金」です。逆に言えば、それができれば、「自己資金100万円以下」というスタートラインから一気にステップアップできる可能性が出てきます。

　現在、「入居者として大家さんに家賃を支払っている」皆さんは、自宅購入が投資になる可能性があります。

　その理由は、(1)住宅ローンは、他のローンに比べて３つの点で優遇されているからです。
　　a）物件価格満額、場合によっては諸費用も含めた金額まで融資を

受けられる。
　　b）金利が非常に低い。ローン控除の所得税優遇を使えれば実質ゼロ金利に近い。
　　c）融資年数がアパートローンのように物件の構造や築年数に縛られず、本人の年齢によって決まる。しかも、最近は80歳完済が一般的になり、多くの人が30〜35年の融資期間を選択することができる。

　たとえば、1,000万円の融資をアパートローンと住宅ローンで借りた場合を比較してみましょう。
　　あ）アパートローン：年利3.8％ 20年返済……毎月5万9,549円（年間71万4,592円）
　　い）住宅ローン：年利0.8％ 35年返済……毎月2万7,306円（年間32万7,673円）、返済額は半分以下（46％）です。

　住宅ローンを組んで人に貸すと、それは金融機関との約束違反ですから、見つかったら最後、全額耳を揃えて返す羽目になります。そして、二度とその金融機関から融資を受けることはできなくなるでしょう。

　ちゃんと住宅ローンを組んで買ったら、住宅として自分で住む必要があります。

　でも、入居者としての自分が、その家を貸した場合に取れる家賃相当額を、大家としての自分に支払うと考えるとどうでしょうか。

　先ほどの1,000万円のローンが物件価格相当額と仮定します。また、自己資金を100万円用意し、仲介手数料・登録免許税・事務手数料といった購入諸費用及び内装リフォームの費用に充当することにします。

　そして、取れる家賃は7万円、自分が今払っている家賃も7万円とします。

管理費・修繕積立金で1万円/月、固定資産税は月平均0.5万円と仮定。自分で住むわけですから、賃貸管理手数料もいらなければ、空室損も考える必要がありません。

　と、いうことは自分が自分から受け取る7万円の家賃から、それら経費とローン返済を差し引くと、7万円－1万円－0.5万円－2.7万円＝2.8万円/月。年間33.6万円の収入です。さらに、このケースでの金利負担は年額7.9万円（初年度）ですから、この分の所得税還付を受けられるとすれば、41.5万円の年間キャッシュフローということです。

　100万円の投資で、41.5万円のキャッシュフローということであれば、年利41.5％の投資ですからかなりの利回りといえます。

　ちなみに、35年で組んだ1,000万円のこのローン。15年後には残債は約600万円になっています。

　一方、41.5万円の15年分は約620万円。（実際は、住宅ローン減税による所得税控除は10年間であったり、賃貸の場合は更新料が発生したりしますが、ならして計算しましょう）

　この時点で、残債をすべて繰り上げ返済することが可能になります。その後のキャッシュフローは、7万円－1万円－0.5万円＝5.5万円/月。年間66万円の収入です。

　仮に、15年後20％近い価格の下落があって、売却手取りが800万円となった場合、手元に残った800万円の現金のうち100万円を使って、同様の物件を自宅として再度購入し、残りの700万円を使って次の投資をするということもできます。

　自己資金100万円でできる投資と、700万円でできる投資は違いますから、その時点で投資が大きく飛躍する可能性が出てきます。

値下がり幅が少ない物件であれば、又値上がりするような物件であれば更に、この方法は有利に働きます。

「いまどき、そんな物件ないよ」という声も聞こえてきそうですが、27年前、私が最初に購入した、当時築後10年の３ＤＫ、1,400万円の団地は、築37年となった現在も1,300万円前後で取引されています。

① 人口１万5,000人の大規模団地で、学校・病院・商店・交通などのインフラが整備されている。
② 37㎡の市営住宅６割、67㎡の市公社分譲４割という構成で、同一地域内での住み替え需要が永続的にある。

といったことが要因ですが、探せばそういった価格の安定した、流動性の高い物件というのはあるものです。

たとえば、都内一等地の２ＤＫとか１ＤＫといった小さめのファミリータイプで1,500～2000万円前後といった物件は、需要に対して供給が少ないので、たとえ古くても、売るにしても貸すにしても、よい投資になる場合が多いといえます。

ファミリータイプの賃貸アパートが多く供給されている住宅地にある、小ぶりな区画の一戸建てなども悪くないと思います。特に、小学校が近くにあったりすると、同一学区でという根強いニーズがありますから有利です。

内外装が汚いがゆえに、実際にかかるリフォーム費用以上に価格が安くなっている物件などであればさらに儲かります。

④ **賃貸併用住宅**
「投資としての自宅」の変則バージョンですが、多くの金融機関は建物面積の３分の１以上（場合によっては４分の１以上）が自己使用であ

れば、住宅ローン扱いできるようになっています。

　以前あったケースでは、２Ｋ×６世帯のアパートで３室が空室という物件に、本人の家族＋離婚した両親がそれぞれ別々にという３世帯が住んで住宅ローンを受けたというケースがありました。

　これはレアケースとしても、６世帯のアパートのうち２室並びを改装してオーナールームにするとか、もともと併用住宅になっている物件を探すとか、土地を買って２戸１とか３戸１とかの連棟住宅を建てるといったことは比較的やりやすいでしょう。

　もちろん、投資分析をしてちゃんと収支が合うかどうかを計算して買うことです。２世帯住宅が売りに出ることもありますから、そういったものでもいいと思います。余談ですが、２世帯住宅の売り物はたいてい「築５年」前後のものが多いです。

　統計をとったことはありませんが、売却相談などを受ける経験則上、親か子、どちらかの堪忍袋の緒が切れるのが同居を始めてその位の年数になるという場合が多く見受けられます。ちなみに、奥さんの親との同居に比べて、ご主人の親との同居がうまくいかなくて売りに出されるケースのほうが圧倒的に多いというのは、とても人間味のある傾向だと思います。

　また、部屋数の多い住宅を買って、自分が使う部屋以外をシェアハウスとして貸すという方法も、市民権を得てきています。
　その場合は、様々な入居者間のトラブルや、こまごまとした運営にかかわる覚悟が必要です。
　また、シェアハウスは建築基準法上「寄宿舎」という扱いになり、避難通路や防火区画、消防設備など普通の住宅とは違った住宅性能が求められますから、それらをきちんと適用させる必要があります。現在、運営されているシェアハウスのほとんどが、このあたりのことを無視して

いるように見受けられますが、万一の事故があった場合、貸主は大変な負担を強いられることになることを知っておくべきです。更に、シェアハウスとしての運営を始めた時点で住宅ローンとしての規定からはずれますので、金融機関の取扱上問題がでる事も押さえておくべきポイントといえます。

　くれぐれも金融機関の規定は遵守することです。一部で裏ワザ的な方法が喧伝されていますが、万一発覚したときには、問題のある取引先としての烙印を押され多くの利益を失うことになります。正攻法で取り組むことです。

2）自己資金200万円

　自己資金200万円になると、金融機関の頭金10％規定に当てはめるとすれば1,100万円の物件ということになります。

　都心の古い区分で800万円前後のものに、よい投資になるものが多いのでそういったものを買っていくのもよいでしょう。

　また、小さな戸建てなどが、選択肢に入ってきます。

　自己資金100万円の項で述べたような投資手法であっても、自己資金が100万円プラスされれば、買える物件も増えるでしょうし、自己資金の比率を上げることによって融資条件を優れたものにしていくといった方法も考えられます。

3）自己資金500万円

　自己資金500万円となると、投資の選択肢がずいぶん増えてきます。前述の自己資金100万円とか200万円の投資を組み合わせて、複数同時に行うこともできます。

　それ以外の選択肢としては、次の2つのパターンが比較的、成功しやすいと思います。

　① 3,000万円前後の小さなアパートを購入する。
　　3,000万円位のアパートというと、どんな感じでしょうか。表面利回

り10％程度の物件であれば、年間家賃300万円ということですから、毎月の家賃は25万円。

　一部屋当たりの賃料が5万円であれば5室、2.5万円であれば10室ということです。

　同じ売買金額で、建物が大きければ土地値が安い、小さければ土地値が高いということは予想がつきます。

　この価格帯の一棟アパートは、比較的築年数が古く、土地値に近いものが多く見受けられます。土地としての価値と流動性がある物件であれば、売却や建替えなど出口での選択肢が増えます。

　また、修繕が常態的に発生しますので収入や手持ち現金に余裕がないと運営がきつくなりますし、ローン期間が（一般的には）短くなり、相対的に返済額が高くなりますので手取りのキャッシュフローが薄くなる傾向があります。ただし、総額はそんなに大きくありませんので、ある程度の収入や手持ち現金のある方であれば、十分に持ちこたえることができます。

　逆にローンの元金はどんどん返済が進みますので、一定期間運営した後で売却というケースでは、売却時に大きな譲渡利益を得ることができる可能性の高い投資手法ともいえます。

　お金をかけて物件の状態を改善できれば、売値にも反映しさらに儲かりますので特に建築系の知識や経験が豊富な方であれば、キャピタルゲインに重点を置いた投資ができると思います。

② 　500万円の区分を現金買い＋それを共同担保としてフルローンで同じような区分を1～2戸購入する。

　変則的な買い方ですが、こういった組合せも可能です。区分ワンルームマンションは担保にならないという人もいますが、そんなことはありません。ちゃんと融資を出す金融機関もあります。また、一棟ものよりはるかに優れた立地で買うこともできますし、管理がしっかりしていて規模の大きな物件であれば修繕系の負担も一棟ものと比べて比較的少なくて済みます。

　「区分ワンルームは入居者がいれば100％稼働、空室になると0％稼

働になるのでリスクが高い」という人もいますが、これも複数同時に持つことができれば一棟ものとなんら変わることはありません。

逆に6世帯のアパートよりも、より立地条件が優れ、向きや階数がよく、エントランスホールなど共用部分がより充実した区分をバラバラに6戸持っていたら、そちらのほうが空室に関してはリスクが低いといえるでしょう。

3戸とも均等に融資を受けるという方法もありますが、現金買いでローン返済がない物件を一つ組み合わせておくことで、全体のキャッシュフローに厚みが出ますので安全性が高くなり、また、そのあとの投資の展開上有利に働く場合が多くなります。

4）自己資金1,000万円

自己資金1,000万円になると、さらに選択肢は増えます。前述の自己資金100万円とか200万円、あるいは500万円の投資を組み合わせて、複数同時に行うことも悪くありません。それ以外の選択肢としては、次の2つのパターンが比較的、成功しやすいと思います。

① 首都圏の新築アパート

不動産には、この位出さないと買えないという相場があります。自己資金1,000万円で融資を使って買える物件はおよそ6,000万円前後となりますが、立地条件のよい場所で6〜8戸程度の新築となるとこの位の価格帯からではないでしょうか。

賃料単価の高い都市部で木造系の新築物件であれば、表面利回り8％前後でも十分に投資として成り立ちます。場所が良くてもこれを下回る利回りだと、自己資金をもっと入れるなりしないとさすがに厳しくなるはずです。

新築系の投資は、長めのローンと低いランニングコストで前半に稼ぐやり方になります。

逆に言えば、保有期間が終わって出口を取るときに売値とローン残との差があまり出ないか、場合によっては逆転してしまうこともありますし、また古い物件のように更地で売却といった可能性が低く、収益物件

は収益物件という出口の場合が多いので、次に買う投資家がちゃんといて、古くなっても入居者がつくという立地のものを選ぶことがポイントです。

② 首都圏の中古アパートと区分を２つ

6,000万円予算で、なにも物件を１つだけしか買わないといけないということではありませんので、複数物件を組み合わせることも可能です。

前項で触れた、自己資金1,000万円のうち、700万円を使って4,000万円前後の中古アパート、300万円を使って800万円前後の区分を２戸というのもよい組合せになります。こういった投資判断をするために必要な計算方法については、前著『誰も書かなかった不動産投資の出口戦略・組合せ戦略』（住宅新報社）に、実例を挙げながら詳細に触れていますが、古い物件・新しい物件、一棟もの・区分、利益を出すタイミングを含め、それぞれの弱みをそれぞれの強みでカバーする組合せをつくって相乗効果を得るということができると、投資家がもつ全体のポートフォリオが改善されますし、様々な展開が可能になるという大きな利点があります。

5）それ以上

それ以上の自己資金がある場合は、様々な選択肢が考えられます。地方立地でやろうとすると、賃料単価が安いため、運営費や修繕費の負担が重くなり、持ちきれなくなる可能性が高くなってしまう「一棟ＲＣマンション系の投資」であっても、都心立地で賃料単価の高い地域にある物件を買える予算があるのであれば、そういった負担を十分に吸収して余りある投資を行うこともできます。

逆に、建物を持ちこたえさせるだけの現金をもって地方ＲＣ投資に臨むこともできるかもしれません。

首都圏の新築アパート＋中古アパートという一棟もの同士の組合せも、インカムゲインで稼ぐ投資とキャピタルゲインで稼ぐ投資のポートフォリオになりますので悪くないと思います。

「切った張ったの、ハイレバレッジ投資の世界で生きているので、生活を安定させる収入を得るための不動産投資ではレバレッジは掛けたくないんです」ということで1億円の現金買いを希望の投資顧問会社代表もいました。希望のゴールが月収50万円程度なら、それだけで実現できるレベルです。
　逆にレバレッジを使って、とてつもない高額所得を得ることもできますが、総額が大きくなるのでコントロールが効かない規模になるおそれも高くなります。
　ご自身の求めるキャッシュフローと負担できるリスクを比較して投資を組み立てていくとよいでしょう。

　最初に述べたように、ここでは首都圏の投資方法を中心に触れていきましたが、それ以外の地域でのやり方もありますし、成功する方法はほかにもたくさんあります。
　不動産投資、不動産貸付業の基本的なやり方や仕組みを身につけて応用していけば、皆さんなりの方法が見つかるはずです。

　次の項目では、相談が多い、よくある失敗のパターンをご紹介します。

8

よくある失敗の
パターン・原因・解決策

8 よくある失敗の
パターン・原因・解決策

1）借り手がいない場所での投資

　不動産投資は、不動産賃貸業ですから、借り手がいてはじめて成り立つ商売といえます。満室「想定」で利回り何パーセントといわれても、入居者がいないことには話になりません。2012年5月に宇都宮で都内在住の63歳のオーナーが管理会社の社長に日本刀で切りかかった事件がありましたが、新聞記事には空室に困っていたその物件は10室中埋まっている部屋がわずか2室とありました。つまり、空室率80％ということです。

　表面利回り20％（！）　売値5,000万円のアパートをフルローンで購入した人が相談に見えたこともありました。物件価格5,000万円×表面利回り20％ですから、年間家賃は1,000万円ということです。
　14世帯で世帯当たり賃料は約6万円、買った当初はローンの300万円と運営費の200万円を差し引いても500万円の税引前キャッシュフローがあり、投資としては大成功というつもりだったようです。
　なにしろ、購入諸費用の500万円だけ投資したら、年間500万円のキャッシュフローですから、年利100％（‼）の投資ということです。

　相談の主旨は「6万円の家賃を5万円に下げ、4万円に下げ、いまは2万5,000円に下げていますが全空室でまったく入居者がつかないので、間取り変更やリノベーションでなんとか解決できませんでしょうか」というものでした。

　いろいろ状況をヒアリングしてみると、結局のところ、山の中にある工場の従業員向けに建てられ運営されてきたその物件の生命線であるその工場が撤退してしまったというのが根本的な原因でした。工場なきあと、周辺に残るのは畑と林と養鶏所だけ……。

　家賃や間取りや内装の問題ではありません。

土地は300坪ありますが、調べたところ売れる価格は坪単価1万円、つまり300万円が土地値です。この建物を更地にするための解体費はざっと見積もって300万円かかりますから、実際はタダという評価です。

　でも、ローンはたっぷり5,000万円近く残っていますし、年間300万円のローン返済と入居者が入っていない分、管理手数料などはかからないとはいえ、固定資産税やなんだかんだの運営費が年間150万円で合計年間450万円の持ち出し……。

　恐ろしい話です。

　賃貸物件がたくさんある地域は、それはそれで競合が激しいですが逆に言えばそれなりに市場があるともいえます。企業城下町で特定の会社や産業に地域全体の命運を握られているということでない限り、競合に打ち勝つ物件に作りこんだり、企画したりすればなんとかなる場合が多いです。

　一方、賃貸住宅がまったくない地域はそもそも市場性がない場合が多いため、こころして掛からないと大変な目に遭いますので、注意してください。

2）流動性のない物件での投資

　流動性というのは、いざ現金化したい場合に売りやすいのか、売りにくいのか、あるいは、売れるのかということです。
　不動産は一度買ったら、絶対に手放さないよという方は多いでしょう。それは、わが国では、なかば常識のようにもなっているようにも思えます。平安時代の荘園制や鎌倉時代の封建制が影響しているのか、はたまた弥生時代から連綿と続く稲作の民としてのDNAなのかわかりませんが。

　投資を考える場合、たくさんある選択肢のなかから選び取るという自由度があるかどうかに気づいている人は少ないと思います。
　将来、不動産投資ではない投資を選択するケースも想定すべきでしょう。その時に、一度現金（キャッシュポジション）に戻す必要がでてきますが、

それが困難となれば投資や資金が固定化されることになります。

　固定化のなにが嫌かというと、常に変化する市場環境や自分の状況に合わせた変化ができなくなる点です。投資機会を失ったり、許容範囲以上の損失が発生したりということへの対応ができないということはリスクが高くなります。
　また、投資効率を上げるという視点でも流動性は重要な要素になります。
　具体的な計算方法については、前著『誰も書かなかった不動産投資の出口戦略・組合せ戦略』（住宅新報社）に詳しく触れましたが、考え方だけ紹介すると……。

「投資は、開始時に投下した資金・保有時に出入りするキャッシュフロー・終了時に受け取る（あるいは支出する）現金。何年目にそのキャッシュは入るのか？といった時間的なタイミングも含めて、これらすべてひっくるめて見ないと、投資自体のパフォーマンスがはかれない」ということです。

　前項の表面利回り20％のアパートなどは、いい事例でしょう。
　諸費用分の500万円を投資し、初年度は500万円のリターンがあったが、次年度は450万円の持ち出し。売却するとなれば5,000万円の持ち出し。
　これでは、投資として成り立ちません。

　逆に、ポジティブに出口戦略（売却）を利用する場合も多くあります。

　例えば、2011年に私は物件を二つ売却していますが、これはそのほうが投資としてよりよい結果をもたらすからです。

　例えば、ひとつの物件は購入してから7年間保有しましたが、途中適正な資本改善（リニューアル）などを行い、賃料や稼働状況を改善したのち売却しましたので、物件価格・購入諸費用と資本改善費用を合わせた金額を大きく超える価格で売ることができました（それでも、市場から見たら適正な金額です）。

さらに、20年返済で組んだローンの残債も7年間でかなり減りましたので、手元に残る現金は約1,900万円と、それまでに投資した資金の数倍の額になりました。

　その代わり、この物件を売ることによりそれ以降は年間約110万円のキャッシュフローを失うことになります。

　こういった場合、投資の世界ではどういう考え方をするかというと「そのまま売らずに持っていたらどういった効率になっているのか」という見方をします。

　このケースで手元に残る1,900万円は「キャッシュ持分（Ｅｑ）」という呼び方をします。

　売らずにその物件を運用していくということは、現時点で現金化できる1,900万円をそこに投資しているのと同じ、という意味です。

　そして、得られるキャッシュフローは年間110万円ですから、「110万円÷1,900万円＝約5.8％」これが、現在の投資のパフォーマンスということです。

　一方、これは売却せずに持っている物件ですが築年数が古いアパートが別にあります。

　こちらのローン返済期間は、あと5年で約1,130万円の残債が残っています。そして年間返済は約240万円。

　先ほどのアパートの売却手取り金1,900万円のうち、1,130万円をこちらの物件の繰り上げ返済に充当しましたが、そのおかげで年間240万円の返済が終了し、差し引き自分のキャッシュフローは、失った110万円＋増えた240万円＝130万円プラスとなりました。

しかも、現金はまだ770万円残っていますからこれを使って別の投資をすることも、あるいはまた別の物件のローンを繰り上げ返済することもできます。

さらに、売却したアパートの所得税・住民税の対象となる課税所得は約330万円でしたから、これがなくなり、経費化できていた古アパートのローン金利約20万円を差し引いても300万円の課税所得が減ることになりました。

税金でいえば100万円近い差がでます。

つまり、物件を途中で売却したことによって、①キャッシュフローが130万円増加し、②770万円の投資資金が手元に残り、③所得税が100万円減った……ということです。

もちろん、こういったやりかたの大前提には「流動性がある」ということが必要です。流動性がなかったり、低かったりする物件や地域ではこの戦略を取ることが困難になりますし、場合によっては不可能となるでしょう。

「不動産は買ったが最後、絶対手放さない」……といった、固定観念をはずすと色々なことがわかります。逆に、出口戦略に触れられてしまうと、投資の欠点がつまびらかになってしまうことからか、恣意的にそれには言及しなかったり、忌み嫌う人や会社を時々見かけます。

3）借入額が多すぎる投資

風潮として、いかにローンを引いてどれだけ大きな（あるいは大量の）物件を手に入れるかということが競われているようにみえます。

投資する自己資金が少なくて済み、大きな借り入れができるとなると、短期間で巨大な投資の王国を築き上げることができるわけですから、夢があります。

あるいは、毎年のようにどんどん物件を買い進めていくことによって、いつまでも新規物件の購入に伴うコストを経費化していき、所得税・住民税の支払いを逃れていくというやり方も利口な感じがしていいかもしれません。

こういったケースで、よくある投資家からの相談が、前者のケースでは、状況の変化によって資金繰りに詰まってしまったというパターン。後者のケースでは、金融機関からの新規融資が打ち止めになり、追加購入がストップした途端、納税資金が不足してしまうパターン。

例えば、前者の典型的な例として前述の地方ＲＣ一棟マンション投資があげられます。
なぜ、それが典型的かというと、物件価格と担保評価のギャップが大きく融資が引きやすい（引きやすかった）ということが大きな理由になります。

収益物件の価格は何によって決定されるかというと、「家賃」と「利回り」です。本来、世界標準で投資家が物件を検討するときには「ＮＯＩ（営業純利益）」÷「キャップレート（資本化率）」で価格を決定します。ＮＯＩは引き直した相場賃料から、空室損やさまざまな運営コストを差し引いた正味の収入、キャップレートは正味の利回りとでもとらえるとよいでしょう。

でも、残念ながらわが国では「引き直しを行わない、しかも満室想定の賃料」÷「表面利回り」で価格が決定されます。

そうすると、どういったことが起こるか？

表面利回りは、リスクが高そうな地域や物件ではより高く設定しないと売れません。

例えば、同じような土地の広さ、同じような構造・築年数・広さの物件があったとして、都会のど真ん中の物件が表面利回り10％で買えるのであれば、人里離れた山の中の物件を同じ10％の利回りで買う人はいないでしょ

う。

　12％とか、15％とか、場合によっては20％とか。

　ということは、年間家賃1,000万円の物件であれば、表面利回り10％の場所で買おうとすると1,000万円÷10％＝１億円が買値になるわけです。

　同じように計算すると、12％であれば8,330万円、15％であれば6,660万円、20％であれば5,000万円となります。

　一方、土地値は多少違っても建物評価はどこのエリアにあってもまったく同じです。いや、土地値でさえ山奥だったら土地値は都会の10分の１にしかすぎない代わりに、面積は10倍なんていうことが多いですから、評価は全く同じと言えるかもしれません。

　仮に、これらの物件の評価（土地がいくら、建物がいくらといった評価の出し方を積算評価といい、金融機関が物件の担保価値を算出するときに使います）がどれも7,000万円だった場合、利回り10％の都会では、物件が１億円ですから３割＝3,000万円の頭金を要求されることになります。逆に20％の地域であれば売値が5,000万円ですから、評価のほうが2,000万円も上回り、場合によっては物件価格全額の5,000万円を借りることができてしまうといったカラクリです。

　このギャップを利用して多くの投資家が、投資を拡大しました。

　では、なぜ資金繰りに詰まって相談にくるひとが後を絶たないのか。例をあげて計算してみましょう。

　先ほどの例で、家賃1,000万円、表面利回り20％、価格5,000万円の山奥のＲＣマンションを買った場合です。

仲介手数料・登録免許税・火災保険料・印紙税そして不動産取得税といった諸々の購入費用は、500万円はかかりますので、これは現金で用意。

　残りの5,000万円は全額借り入れとしましょう。借り入れ条件は仮に年利3.5%、返済期間は30年とします。計算すると年間約270万円の支払いです。

　満室想定賃料は1,000万円ですが、あくまでも「満室だったら」「今のままの賃料が維持できれば」というタラ・レバの話です。

　実際は、利回りが高くないと売れないような山奥の物件であれば、引き直し賃料は現状の3割減なんていう場合がよくありますし、満室どころかだいたいいつも7割くらいしか埋まっていないという物件もざらにあります。

　そうすると、1,000万円×0.7（賃料見直し）×0.7（稼働率）＝490万円ということになります。
　それから、運営費。家賃が安いところでも、固定資産税やメンテナンス費といった運営費は同じです。

　表面利回り10%程度の都会のRCマンションでも表面利回り20%の田舎のRCマンションでも、この程度の規模のものであれば、170万円前後の運営費がかかります。

　そんなに掛けないし、掛からないよという人もいるかもしれませんが、それは多くの場合メンテナンス時期の引き延ばしであったり、清掃や点検といった維持コストの削減だったり、いずれスラム化という大きな代償を求められる判断であったと、あとで知ることになる場合が多いということも知っておくべきでしょう。

　ここまでの計算をしてみると、
　家賃をひき直し（490万円）、経費を支払い（－170万円）、ローンを返す（－270万円）と、残る現金収入（CF）は年間50万円。

建物の減価償却や、金利、青色申告控除などを計算すると、この程度の投資規模であれば所得税はほぼかからないと見ていいですが、いずれにしても借金の額や投資規模からすると、意外と物足りない金額だと思います。

　そして、高利回りの中古物件であれば大分傷んで売りに出ている場合が殆どですから屋上防水をやったり、外壁塗装をやったり、廊下やエントランス、各室玄関ドアといった共用部分を直すのにも結構な金額がかかります。なにしろ小さなアパートとは規模が違いますから。

　年間50万円程度のキャッシュフローの何年か分なんかはあっという間に飛んでしまいます。

　でも、これらの計算によって明らかになる現象が、物件を買うときや、買ってしばらくの間は顕在化しないというのが問題なのです。

　いまのような計算も、しばらく1,000万円の家賃が取れていれば、手取りは所得税を払っても500万円程度にはなるでしょう。

　数年かけて、そういう状態になっていくというのがポイントです。

　したがって、これはいい！と、同じような物件をいくつもいくつも買い進んで大きく投資を拡大した末に一転、それぞれ500万円のキャッシュフローが段々減って、それぞれ50万円になり、それぞれ修繕などの一時負担が数百万円あるいは数千万円単位で発生した場合、持ちきれなくなってしまうというパターンです。そして、こういったパターンの多くの投資家が、初期のキャッシュフローの厚さに安心してハッピーリタイヤメントの合言葉のもとに退職をしてしまっている場合が多いことも特徴的です。

　後者の買い進んでいくことにより所得税・住民税の支払いを逃れるというパターンにも触れておきましょう。

これは、「物件を買うときにはいろいろ諸費用がかかるので、買った次の年にはそれを経費化すれば税務上は利益が出ていないことになる……という仕組みを逆手にとって、毎年それを繰り返せば税金を払わなくて済む」というやり方です。

　これも、計算式や計算方法については詳しく触れませんが、計算結果でどのようになるかということだけご紹介します。

　計算の前提は、
　　① 買い進めていく物件は4,000万円の中古アパート
　　② 購入経費のうち価格の３％相当が経費化できるもの
　　③ 購入物件の課税所得は物件価格の３％相当
　　④ 所得税・住民税の実効税率は30％
　　⑤ 追加購入時期は、決算期直前とし当該年の課税所得はほぼゼロとする
　　⑥ 物件価格のうち、建物分は50％、10年償却

計算すると、
１年目の所得税・住民税はゼロ
２年目に１棟追加で購入するとやはり所得税・住民税はゼロ
３年目に１棟追加で購入すると所得税・住民税は72万円

　これを避けるためには、３年目に追加で購入するのは２棟。
　同じく、４年目に追加で購入する必要があるのは４棟。

　この段階で、投資している棟数は全部で８棟、総額３億2,000万円となります。

　そして、５年目。銀行からストップがかかって追加購入が行われなかった場合どうなるかというと、課税所得960万円、所得税・住民税288万円。その後、減価償却期間が続々と終了しすべての減価償却が終わってしまうと、

課税所得は1,600万円相当プラスされ、所得税・住民税は768万円＋αと。

3億2,000万円で、借り入れ3億円（3％22年返済）、表面利回り10～11％程度、空室損や運営費を引いたネット利回り7％、といった投資であれば、税引き前キャッシュフローは440万円程度なので、年間330万円の持ち出しということになります。

しかも、ここではこまごまとした、あるいは一気にくる修繕関係の費用は入っていませんからいずれ資金繰りが詰まってきます。

どちらのパターンでも、自分の収入や資産状況からみて過大な投資でなければ、なんとかカバーすることもできますが、コントロールの利かない規模まで拡大してしまっているとお手上げになります。

しかも、前項で述べたような「流動性がない地域や物件」で投資を拡大している場合、いくつかの物件を手放して全体のポートフォリオや資金繰りを改善するという手も打てません。そして、ここにあげた投資手法の多くがそういった流動性の低い、あるいはない地域・物件で行われています。

4）ローン期間が短すぎる・長すぎる投資

物件に対して、何割ローンが借りられるかとか、金利がどうかといったことはよく論じられますが、ローンの期間については意外と無頓着な方が多いように見受けられます。

ノンバンクなどではそういった縛りは緩くなりますし、例外もありますが、一般的には、減価償却期間（木造22年・軽量鉄骨19年ないし27年・重量鉄骨34年・ＲＣ47年）から築後経過年数を差し引いた年数が融資年数となります。

構造と築年数で決まってくるともいえます。

あたりまえの話かもしれませんが、同じ金利であってもローン期間が短ければ短いほど、毎月あるいは年間の返済額は多くなりますし、逆に長くなればなるほど返済額は少なくなります。

仮に、5,000万円年利3％のローンであれば、毎月のおよその返済額は10年返済ならば約48万円、30年返済であれば約21万円と、大きな開きがでるということです。この返済額の差月27万円、年間324万円がそのままキャッシュフローの差となります。

その代わり、短いローンは元金の減りは早いですし、長いローンはなかなか減っていきません。いまの計算で、5年後の残債は、前者は約2,690万円と元金は2,310万円も減ります。一方、後者は約4,450万円と元金の返済は約550万円。かなりの差が付きます。

つまり、同じ投資を行うにしても、
- 短いローンはキャッシュが残らない
- 長いローンは空き担保がなかなかできない

という、違った結果をもたらすということです。

どちらがよいかというと、それはそれぞれの投資家が求める結果や、やりかたによって違いますから何ともいえません。

投資の前半でキャッシュフローをたっぷり出して、それを使って再投資をしたいというやり方であれば、なるべく長いローンを組めるような新しい物件を探したり、金融機関との折衝を行ったりということが必要でしょう。

物件が古くて、短いローンしか組めずそれが売れ行きに影響している物件を拾って、転売時に減ったローンと売価の差額で儲けるといったやり方であれば、資本改善をするとよくなる物件や、土地値のような物件を探すというのがよいかもしれません。

その場合、自己資金の割合を増やすと、全体の借入額が相対的に減りますから、ちゃんとキャッシュフローも得られるという投資になります。

キャッシュフローが欲しいのに短すぎるローン、売却時の現金が欲しいのに長すぎるローン。どちらもミスマッチになりますので、投資を構成する重要な要素として融資のことを考えておくとよいでしょう。

5）利回りが低すぎる投資

既出項で、利回りの高さと引き換えに、リスクの高い地域や物件で投資を行う場合の問題点に触れましたが、逆に、利回りが低い地域や物件であれば安全でよい投資ができるかというとこれもまた問題です。

一般財団法人日本不動産研究所（ＪＲＥＩ）が半年ごとに行っている投資家調査では、これこれこういった条件の投資用不動産であれば何パーセントの利回りで投資するかといった調査が行われています。

もちろん、表面利回りではなく、キャップレート（ＮＯＩ÷物件価格）です。

2012年10月調査で、最も期待利回りが低かったのは（つまり、日本で最もリスクが低いと見られているのは）丸の内のＡクラスビルで、リーマンショック以前のレベルまで、市場が持ち直したというレポートとともに「4.5％」という結果が出ていました。

丸の内や虎ノ門のＡクラスビルより低い利回りで投資している人、結構います。

例えば、投資用の新築区分ワンルームマンション。

丸の内とまではいかなくても、都心の一等地でよく分譲されています。25㎡前後で2,000万円台半ばという価格設定が一般的ではないでしょうか。

これも、よく相談があるケースですが典型的な事例をご紹介しましょう。

その方は、一棟ものでいろいろ探していましたが、億近い借金をすることに対して、家族の同意が得られず業を煮やしていたというのが入口です。

そんなに、大きな借金でなくて、都内の自宅から近い一等地でしかも新築であればなんとなく安全そうだからということで、なんとかＯＫが出て買ったのがＡクラス立地の新築区分ワンルームマンション。

購入価格は2,500万円で、全額を提携ローン（3.6％ 35年返済）で調達しています。

月額家賃は10万円。年間家賃120万円ですから、表面利回りは120万円÷2,500万円＝4.8％。

そこから、管理費・修繕積立金、固定資産税、そして売主の関連会社の賃貸管理手数料を合わせて１万5,000円が引かれます。
つまり、毎月の手取りは８万5,000円ということです。

年間102万円がＮＯＩ（正味の収入）ですから、2,500万円の物件価格で割ると4.0％。丸ビルよりも低い利回りです。

そして、ローン返済は毎月10万5,000円。

販売パンフレットには「毎月２万円。生命保険並みのご負担であなたもマンションオーナーに!!」と大きく書かれていました。

投資になっていません。

賃貸契約は「最初の入居者が決まるまで家賃保証」というコースを選んだそうで、引渡しを受けてすぐに入居者が決まってほっとしたそうです。

でも、そんなに甘くありません。

　初回入居保証が切れて翌月、入ったばかりの入居者から解約予告が入り翌月には退出。毎月の持ち出しは12万円（！）になります。

　しばらく募集をかけたそうですが、分譲会社が借上げしている物件の方に当然優先的に入居者は振り分けられるわけで、一向に申し込みが入りません。

　こらえきれず、借上げ保証に切り替えたところ借上げ賃料は７万5,000円。つまり、持ち出しは毎月４万5,000円です。

　すっかり嫌気がさして、手放すことを決めたわけですが、どうでしょう。2,500万円で買う人はいると思いますか？

　提携ローンや借上げ保証などあの手この手で付加価値を付けて、しかも新築でその価格なわけですから、築浅とはいえ中古で次の投資家が買うのであれば、それなりの価格になります。

　同じくＪＲＥＩの資料で見る限りでは、最低でも5.5％以上のキャップレートでなければ買い手がつかないようです。

　と、いうことは、ＮＯＩ　102万円÷5.5％＝約1,850万円が売値。買値が2,500万円ですから、その時点で650万円の損失ということです。

　そして、１年経過後の2,500万円のフルローンの残債は2,464万円。36万円しか減っていません。

　「勉強したと思って諦めます」と、その方は売却価格とローン残債の差額を実家からお金を借りて、一度その投資からは手を引きますということになりました。

この話は、本当に多いです。

すべてお膳立てされていて、総額もあまり張らず、初心者の方が取り組みやすい投資ですから。

最初の切り口は、「購入諸費用が経費化できて初年度は特に赤字が大きくなり、所得税還付を受ければ税金が戻り、実質の持ち出しはゼロでマンションオーナーになります」というトークが多いです。高額所得者の方をターゲットに。

でも、よく考えたら2年目からは経費化できるものが減価償却（47年償却ですから毎年にならすとわずかです）と金利（35年返済ですから、毎年にならすとわずかです）くらいになりますから、単なる赤字の物件になってしまいます。

「話が違うじゃないか！」と分譲会社に怒鳴り込んだら、「いや、もうひとつ買うとまた税金が還付されますよ」と、ニコニコしながらもう一件買って帰ってきたという、落語のような話もあります。

それを繰り返して、物件が5つになって負担がさすがに大きくなり、ようやく気が付いたという相談もありました。いわば**売主と銀行と建築会社だけがもうかる仕組み**です。

6）見た目の利回りが高いが実際は低い投資

ここまでの事例で、実際は表面利回りで投資判断をするのは意味がないということがおわかり頂けたと思います。

全国の投資家の相談を受けたり、実際に投資物件を見に行って試算をすると表面利回りと空室や運営費を差し引いた正味の収入（NOI）でみた実際の利回りとの差が、見た目の利回りが高い地域や物件ほど大きいということがわかります。

首都圏で便利なところであれば、表面利回り８％で、ＮＯＩ利回り６％。地方であれば表面12％でようやくＮＯＩ利回り６％いくかいかないかという感じでしょうか。

もしも、頑張って空室を埋めて高い稼働率を維持したとしても、「地方の投資物件は、思ったほど現金が残らない」という人は多いです。

なぜ、そうなるかというと、原因は、主に３つ。

1）家賃の割に、固定資産税・定期清掃費・水光熱費・エレベーターメンテナンス費・消防点検・受水槽清掃といった運営費（Ｏｐｅｘ）が結構かかる。
2）空室を埋めるのに時間も労力もかかり、募集の時の広告費や原状回復工事もバカにならない。しかも、入れ替えのサイクルが早い。
3）家賃の割に、屋上防水・外壁塗装・駐車場舗装といった修繕コスト（Ｃａｐｅｘ）が結構かかる。

結論からいうと、「賃料単価」と「建築単価」の因果関係がある……ということです。

さらにカンタンに言ってしまえば、「賃料単価の安い」「建築単価の高い」物件はコスト倒れしやすいです。例えば、先に触れたフルローンが引きやすくて人気の地方＆ＲＣ。

逆に、「賃料単価の高い」「建築単価の安い」物件は、コスト負担が少なくて済みます。賃料「単価」というのがミソ。

５坪（15㎡）で５万円取れる都心の木造古アパートは賃料単価坪１万円。原状回復工事をしても工事費用は５万円（＝坪１万円として）がいいところでしょう。

15坪（45㎡）で6万円の地方の1LDKマンションは賃料単価4,000円。原状回復工事の費用は15万円（＝坪1万円として）。

　これだけでも、家賃の1か月分なのか、2か月半分なのかの違いが出ます。

　私の所属するIREM-JAPAN（アイレム・ジャパン＝米国不動産管理協会日本支部）では2012年から、全国の「NOI率」＝「空室・運営費を除いたNOI収入÷差し引く前のグロス賃料収入」のデータを集めてインデックスを整備する事業を行っています。

　これがわかれば、表面利回りからキャップレート（NOI÷物件価格）がカンタンに算出できますから。

　大変な作業ですが、全国の郵便番号（ジップコード）ごとにキャップレートのインデックスが公表されている米国並みの投資環境を整えるためには、必要なことです。

　でも、実は、賃料単価からキャップレートを予想すること……もできます。

　解説しましょう。

　前提条件として、取引事例が多く、データが揃っている「賃料単価1万円前後」の地域（＝東京周辺）ではOpex比（＝運営費÷総潜在収入×100）はおよそ以下のとおりということを知っておいてください。当然、エレベーターのあるなしや築年数によって前後しますので、あくまでも目安です。

　　1）木造アパート……15〜16％
　　2）RCマンション……17〜18％
　　3）区分ワンルーム……22〜23％

　例えば、20㎡（6坪）で家賃6万円のワンルームは賃料坪単価1万円と

いうことです。年間家賃72万円ということですね。

　管理費・修繕積立金月額8,000円、固定資産税年額３万円とすれば、年間12万6,000円ですから、年間家賃に対して17.5％の割合ということです。あとは、管理会社に払う管理手数料ですが、仮に家賃の５％とすれば、合わせて17.5％＋５％＝22.5％……ということです。

　大体、あっていますね。

　都会と田舎で差が出る運営費は「土地の固定資産税」くらいのものです（除雪・融雪といった特殊なコストは別として）。

　ただ、200㎡未満の小規模宅地は６分の１（都市計画税は３分の１）に減額されますし、土地持ち分や土地面積は都会になるに従って減少するのであまり変わらない場合が多いです。

　と、いうことは坪単価１万円で運営費のうち５％が賃貸管理費とすれば・・・

　　１）木造アパート……坪1,000～1,100円＋５％
　　２）ＲＣマンション……坪1,200～1,300円＋５％
　　３）区分ワンルーム……坪1,700～1,800円＋５％

　つまり、具体的な物件に当てはめてみると……

　坪5,000円のＲＣ（30㎡４万6,000円）……1,200円÷5,000円＝24％＋５％＝29％
　　……賃料の29％が運営費として持っていかれる

　坪4,000円の区分（18㎡２万2,000円）……1,700円÷4,000円＝42.5％＋５％＝47.5％
　　……賃料の47.5％が運営費として持っていかれる

坪3,300円の木造（20㎡2万円）……1,000円÷3,300円＝30％＋5％＝35％
　……賃料の35％が運営費として持っていかれる

という計算になります。

　仮に、坪5,000円のＲＣが空室率15％だったとすれば、Ｏｐｅｘ比29％＋空室率15％＝44％

　賃料収入の44％が空室と運営費で持っていかれて、残るのは56％（＝ＮＯＩ）ということです。

　仮に、表面利回り12％で１億円のＲＣだったとしたら、この物件のキャップレート（ＮＯＩ÷物件価格）は、年間賃料1,200万円×56％＝ＮＯＩ672万円……6.72％ということです。

　これは、最初に書いた原因の一つ目しか触れていませんから、さらにお金が残らないという目に遭うわけです。

7）建物が古くなっていく宿命

　不動産投資は、底地や貸地、駐車場は別として、基本的に建物を人に貸して儲ける商売です。でも、お金を稼いでくれる建物は日、一日と古くなっていき、定期的で適切なメンテナンスを行っていかないとスラム化して、借りるに値しない物件になってしまう……ということに気づいている人がとても少ないです。

　社団法人日本賃貸住宅管理協会発行の「賃貸住宅版　長期修繕計画案作成マニュアル」では、「積立金として妥当な金額は、１Ｋ～１ＤＫで一戸当たりおおむね4,000～5,000円/月」とか、「カラーベスト屋根の塗装は11～15年目に行う」とか、具体的な指針が示されていて参考になります。

また、「保守（メンテナンス）」「修繕」「改修（リノベーション）」といった、年数の経過とともに落ちていく建物の性能レベルを維持管理していく手法についてもそれぞれの違いを理解しておくといいでしょう（図）。建物が完成した段階で具備した性能を「初期性能レベル」と呼びます。その建物の当初の最良の状態です。ここから、経年変化を重ねるごとにこの性能は低下していく運命にあります。共同住宅の鉄骨階段を例にあげれば、数年したら錆が出てきたのでペンキでタッチアップしたというのが①「保守＝メンテナンス」。さらに年数が経過し段鼻の滑り止めが劣化して外れたり、踏面のモルタルがひび割れたりといった状態になれば、鉄部の全塗装や部品交換などが必要になります。元々の機能や性能の回復という意味での②「修繕」です。適切な保守や修繕で耐用年数を伸ばすという努力をするわけです。ここで、

注目すべきは一定の期間が経過していくと、最初に具備していた性能が、社会的欲求性能の高まりによって陳腐化していくということです。仮にこの階段は急すぎて不便、あるいは危険と一般的に認識されるようになってしまえば物件価値を維持するために、階段自体を交換したり、新たにエレベーターを設置する必要があるかもしれません。これを③「改修＝リノベーション」といいます。こういった施策をいつ行うか、いくら費用を掛けるか、優先順位をどうするかということが不動産投資や賃貸不動産経営を行う上で判断を求められ、それが重要な戦略になるともいえます。

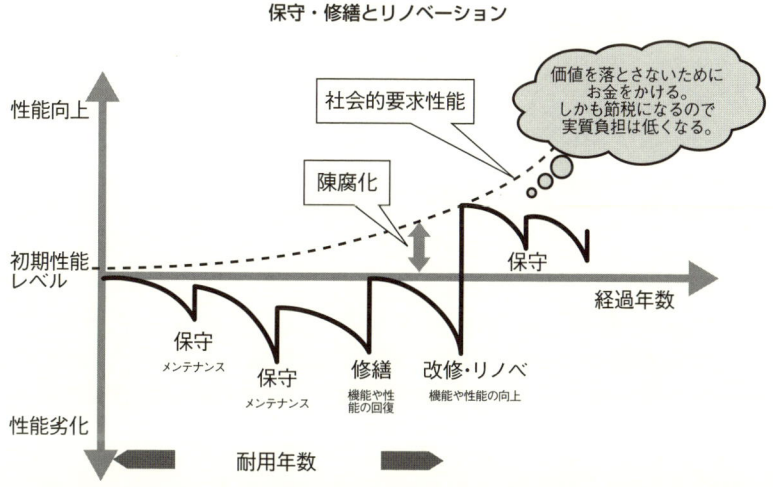

保守・修繕とリノベーション

（図：性能向上／初期性能レベル／性能劣化／経過年数／耐用年数／社会的要求性能／陳腐化／保守 メンテナンス／保守 メンテナンス／修繕 機能や性能の回復／改修・リノベ 機能や性能の向上／価値を落とさないためにお金をかける。しかも節税になるので実質負担は低くなる。）

平成19年6月に行われた国土交通省住宅局の「民間賃貸住宅実態調査」では、長期的な修繕計画を概ね作成している家主はわずか18.4％、計画的・定期的に大規模修繕を行う家主は14.5％といずれも低い水準にとどまっています。

理由として、「修繕費用の家賃での回収が困難」というのが47.4％と最も多くなっていますが、賃料単価の低い地域や物件での投資はこういった面でも不利になるということです。

また、この調査結果から、適正なメンテ計画を立てている物件や家主が少数派ということですから、これをきちんと行えば、競争力のある物件として自分の物件を作りこむことができるということでもあります。

平成19年6月国土交通省住宅局 民間賃貸住宅実態調査の結果について

（家　主）
○　賃貸住宅の経営に携わった動機としては、「資産の有効活用」が61.3％で最も多く、「投資先として利回りが高かった」は14.5％にとどまっている。

3．賃貸住宅の維持・修繕の状況（事業者、家主）

> （事業者）
> ○　長期的な修繕計画及び収支計画を概ね作成している物件は、それぞれ19.6％、23.1％となっており、低い水準にとどまっている。
> ○　大規模修繕については、「計画的・定期的に実施」するのは5.8％にすぎず、「必要が生じたときに適宜実施」するのが82.2％と過半を占める。
> ○　大規模修繕を実施する予定がない主な理由としては、「大規模修繕に対する知識等が不足」が52.2％で最も多く、次いで「資金的余裕がない」が47.8％となっている。
>
> （家　主）
> ○　長期的な修繕計画及び収支計画を概ね作成している家主は、それぞれ18.4％、28.6％となっており、低い水準にとどまっている。
> ○　大規模修繕については、「計画的・定期的に実施」するのは14.5％にすぎず、「必要が生じたときに適宜実施」するのが74.4％と過半を占める。
> ○　大規模修繕を実施する予定がない主な理由としては、「修繕費用の家賃での回収が困難」が47.4％で最も多く、次いで「古くなったら建替えれば良い」が21.1％となっている。

区分マンションでやる投資の場合は、こういったメンテナンスを自分の判断で行うことができませんから、よくよく管理体制を見ることです。
- ちゃんとした管理会社が管理を行っているか
- 共用部はキレイに保たれているか
- 長期修繕計画が作成されているか
- 管理費・修繕積立金の負担額は適正レベルか
- 修繕積立金はちゃんと貯まっているか
- 建物の維持管理、管理組合の運営に支障をきたさない程度の世帯数が確保されているか

　こういった部分を調べて物件を選定していくことです。

8）減価償却・法人化……枝葉にとらわれ過ぎる投資

　収益物件を買って、不動産賃貸業を始めると確定申告をすることになります。源泉徴収で税金を納め、年末調整か住宅ローン減税の税還付くらいでしか、税務署を意識することがなかったサラリーマン投資家の皆さんの多くは、初めての経験に戸惑うことが多いと思います。

　私も、不動産投資を始めるまでは、「予定納税」なんて、聞いたこともありませんでしたから。

　「あなた、今年は課税所得があって納税をしていますね、次の年もきっと同じくらい稼ぐでしょうから先に半分税金を納めておきなさい」という仕組みです。

　最初は面食らいましたが、翌年納税するときには、「あぁ、あのとき半分払ってあった」とほっとするし、また通知が来ると一喜一憂となって…同じような方が多いのではないでしょうか。

　節税方法については、様々な方法が紹介されていますし、皆さん良く勉強されています。

でも、まことしやかに言われている不動産投資における常識が、思っているほど節税にならず、実は枝葉にすぎないということは多いです。

① 「物件価格の中の建物の金額をなるべく多く割り振ると、減価償却が大きくなるので節税になる」

投資期間中、減価償却した分は、所得税・住民税を圧縮する効果がありますので節税には有効です。ただし、物件を売却する時には取得原価を押し下げることになり課税される譲渡所得をその分押し上げます。したがって投資の全期間を見た場合、実際の節税効果は「所得税・住民税の税率」と「譲渡所得税の税率」の差額にすぎない、というのが正しい理解です。

所得税・住民税の実効税率が30％で譲渡所得税率が20％（長期譲渡）であれば、節税効果は10％ということです。減価償却を1,000万円したら、投資期間中300万円の税金を払わずに済むけど、売った時に200万円余計に税金を取られるということです。実際の節税効果は100万円です。

所得税・住民税の実効税率が30％で、譲渡所得税率が39％（短期譲渡）だったら、逆に節税になりません。売った時に余計に取られることになる譲渡所得税は390万円になりますから。実際の節税効果はマイナス90万円で「減価償却なんかしなけりゃよかった」という結果になります。

② 「築年数の古い木造アパートは、減価償却期間が短く、毎年減価償却で落とせる金額が大きいので節税効果が高い」

そもそも、建物評価が低いですから、そんなに割り振りできるわけでもありません。「割り振りは自由だから契約書に書き込めば大丈夫」という方もいますが、税務署で突っ込まれたときに、結局は「常識的に見てどうか」ということで落ち着きますから。よしんば通っても譲渡所得税で捕捉されます。

ⅰ　3,000万円の土地値で買った築古アパートを土地200万円、建物2,800万円で振り分けて、4年ですべて償却。
　　ⅱ　年間700万円の減価償却を他の物件の課税所得を打ち消すために利用。
　　ⅲ　減価償却が終わったら、節税効果がなくなるので売却。

　いい手ですが、3,000万円の土地値で売り抜けるとき、物件の取得原価は3,000万円ではなくて200万円ですから購入・売却に伴う経費を勘案しなければ2,800万円×39％で1,092万円、もう1年持って譲渡所得税率20％でも560万円持っていかれます。
　ちなみに、建物200万円、土地2,800万円の場合（こんな感じで割り振りが落ち着くケースが多いと思います）、所得税・住民税の節税効果は建物価格200万円÷4年＝年間50万円に対しての税率となります。仮に実効税率30％の投資家であれば年間15万円、合計60万円の節税ができるかという計算になります。

　そしてこれも実際は、譲渡所得税の税率との差になりますから長期譲渡20％の場合でも200万円×20％＝40万円の税金の増加と相殺されて、実際は20万円（年間5万円を4年間だけ）という節税効果というわけです。

③　「法人で購入するといろいろ経費で落とせるし、個人の税率よりも低いので融資がつきづらいかもしれないけれども、法人での購入にこだわりたい」
　年収によっては個人のほうが税率が低くなります。
　また、5棟10室以上の事業的規模になると個人でも事業税がかかりますが、課税所得290万円までは控除されます（法人は控除なし）。地方法人特別税（法人事業税の81％）や震災復興特別税といった法人特有の税金がかかったり、所得分散のために家族を社員にすると労災保険・雇用保険といった労働保険に加入する必要がでてきたり、社員を置かずに一人会社でやる場合でも健康保険・雇用保険といった社会保険に

加入する必要があって、(個人事業の場合は5人までは加入不要) それが、結構なコストになるといったこともあまり知られていません。

家賃以外の収入がなくて、課税所得が600万円 (事業的規模) のケースで試算すると、支払う税金は個人名義で約137万円、法人名義で約156万円となり、節税という意味では個人名義に軍配があがります。
同様に、課税所得が300万円 (事業的規模未満) のケースで試算すると支払う税金は個人名義で約48万円、法人名義で約79万円。断然個人名義のほうがよさそうです。

では、1,000万円 (事業的規模) の場合はどうでしょう。
支払う税金は個人名義で約285万円、法人名義で約320万円。これでも若干個人名義のほうが有利です。

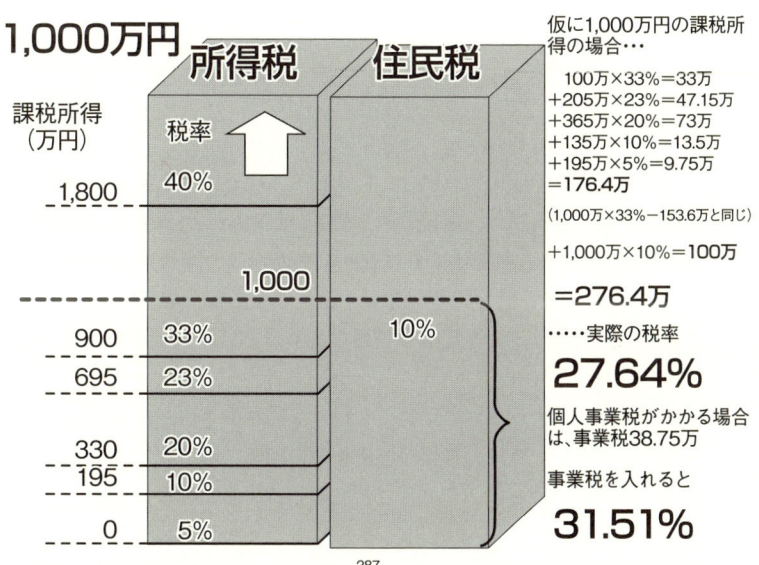

1,000万円　所得税　住民税

課税所得
(万円)

課税所得	税率
1,800	40%
900	33%
695	23%
330	20%
195	10%
0	5%

住民税 10%

仮に1,000万円の課税所得の場合…

100万×33％＝33万
＋205万×23％＝47.15万
＋365万×20％＝73万
＋135万×10％＝13.5万
＋195万×5％＝9.75万
＝176.4万

(1,000万×33％−153.6万と同じ)

＋1,000万×10％＝100万

＝**276.4万**

……実際の税率

27.64%

個人事業税がかかる場合は、事業税38.75万

事業税を入れると

31.51%

※事業税別途(事業的規模の場合)‥課税所得((1,000万+65万)−290万)×5％＝38.75万

(平成24年度税制による)

1,000万円 法人所得税

課税所得（万円）

税率 40%

- 1,000: 28.05%
- 800: 16.5%
- 0

※震災復興特別税含む

(均等割5万円+2万円)

17.3%

市県民税
＝法人所得税に対して（所得割）
288

仮に1,000万円の課税所得の場合…

800万×16.5%＝132万
＋
200万×28.05%＝56.1万
＝188.1万
＋
188.1万×17.3%＝32.54万
＋5万＋2万

＝227.64万

※事業税‥400万×2.7%＋400万×4.0%＋200万×5.3%＝53.3万
※地方法人特別税‥53.3万×81%＝43.17万

……実際の税率
22.76%
事業税を入れると
32.41%
(平成24年度税制による)

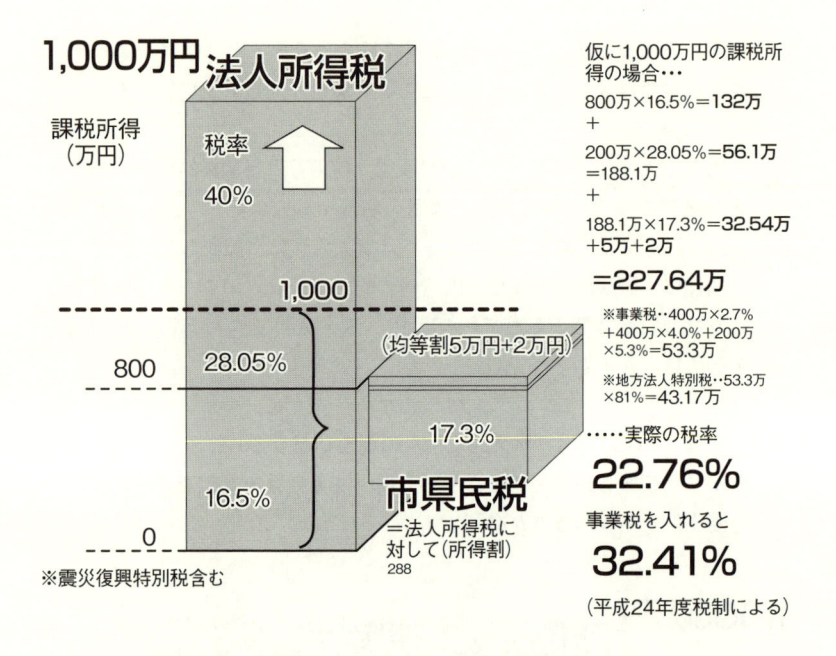

　これが2,000万円になると、個人約810万円、法人約740万円と、法人名義のほうが有利になってきます。

　家賃収入以外の収入の有無などによっても違ってきますし、減価償却が任意で落とせるとか、所得分散しやすいとかいろいろ他の節税効果もありますが、「法人名義にすればなんでもかんでも節税になるわけではない」ということと、「節税効果は、あくまでも個人名義であった場合との差額」ということを理解しておくとよいでしょう。

　ここで上げたようなもの以外にも様々な節税の手法があちこちで紹介されていますが、実際の効果が投資全体の判断に影響を及ぼすレベルのものではない場合も多いということを申し添えたいと思います。

　年間50万円の節税をするために、法人名義で購入し、返済期間の短い法人向け事業資金で融資を受けたら、返済額が年間100万円多くなり、キャッシュフローがその分少なくなってしまった。

長い融資を受けて、手取り収入を多くしたいのに、減価償却期間の短さにフォーカスしてしまい融資期間が短く、キャッシュフローが少ない築古アパートを買う。

相続税2億円を払わないために、3億円の損失が出る物件を買う。

何かヘンだな……と気づくかどうかです。

物件自体の優劣や、**自分が必要とする投資**とのマッチングのほうがはるかに大事です。小手先のテクニックや枝葉にとらわれると、全体が見えなくなります。

所得税の計算の仕方

TAXの計算
　　NOI（　　）
−）金利……建物分（　　）＋土地分（　　）＝（　　）
※赤字の場合土地分金利は経費化できない
−）減価償却（　　）
※（法定耐用年数−築年数）＋（築年数×0.2）＝減価償却期間（法定耐用年数内）
−）専従者給与（　　）
※事業的規模（5棟10室以上）の場合のみ
※恒常的な赤字の場合、専従者給与が適正でないとして認められない場合がある
＝）課税所得（　　）……調整前
※赤字の場合、0になるまで、土地分金利を経費から差し引く
＝）課税所得（　　）……調整後1
−）青色申告控除（　　）
※利益を上限に、10万円ないし65万円（事業的規模＋余計処理）
＝）課税所得（　　）……調整後2
×）実効税率
＝）Tax（　　）

9

どんな投資が向いているか

9 どんな投資が向いているか

　投資に求める目標や目的は、投資家によって様々です。ある人は長期保有で長く同じ物件からキャッシュフローを得たいということかもしれませんし、ある人は資本改善や運営の適正化で物件の価値を上げて転売し、利益を上げていくというやりかたかもしれません。何が良くて、何が悪いかということではなく「どうしたいか」です。

　ここでは、いくつかの投資家の目標・目的をパターン化して、どんな投資の仕方が合っているかという例をご紹介したいと思います。

　基本的に、新築にしても築古にしても、どの物件も「投資として成立する物件で、流動性もちゃんとある」ということが大前提です。そうでないものをいくら組み合わせてもうまくいきません。

　投資として成立する物件なのか、そうではない物件なのかを判別する方法は、この本の中でも取り上げていますし、もっと本格的な「見抜く力」を身につけたければ、前著『誰も書かなかった不動産投資の出口戦略・組合せ戦略』（住宅新報社）に取り組むことをお勧めします。

　ここでご紹介するような組み合わせややり方が、なぜ有効なのか。自分自身の自己資金や求めるキャッシュフローから逆算して、どういったロードマップを描いていけばいいのか。すべて、計算して導き出せるようになります。

1）今すぐキャッシュフローをたくさん欲しい

　こういったニーズを満たすのは、「新築物件＋長いローン＋自己資金多め」という組み合わせです。

　新築物件は①融資期間が30年程度と長くとれる、②最初の5年〜10年程度は、修繕等の支出があまりない……という理由から前半のキャッシュフローが比較的大きくとれます。「自己資金多め」というのは、レバレッジが

「正」（物件自体の正味の利回り＞借入に対する返済の割合）であるかぎり、自己資金を少なく、借り入れを多くすることにより、投資効率があがりますので「自己資金少なめ」というのが投資のセオリーになっていますが、結局は入れた投資資金に対するリターンという性格上、キャッシュフローを増やしたい場合は、その分投資資金を入れる必要があるということです。

　自己資金500万円でハイレバレッジ投資を行い、20％の自己資本利回りを確保した場合のキャッシュフローは500万円×20％＝100万円のキャッシュフロー。

　自己資金2,000万円でレバレッジが低くなり10％の自己資金利回りになったとしても2,000万円×10％＝200万円のキャッシュフローになり、手取り収入は2倍になります。

　さらに、2,000万円の自己資金を4か所に分散し、それぞれ自己資金500万円を20％の自己資本利回りで運用すれば、100万円×4＝400万円となりますから、そういった投資ができれば「キャッシュフローを多めに」というニーズを満たすことができます。

　ただし、この投資のネガティブポイントは、

- ③ 相対的な借入額が多いハイレバレッジの投資は、金利変動や家賃・空室・運営費による正味の収入（ＮＯＩ）の変動に対して受ける影響が大きく、場合によってはキャッシュアウトしてしまう場合がある
- ④ 買うときは新築、売るときは中古…ということで、売却価格は購入価格を下回り、キャピタルロスを生じる
- ⑤ 融資期間が長期なので、ローン残高がなかなか減らず、②と相まって購入時に入れた投資資金が回収できない場合がほとんど（だからこそ、前半のキャッシュフローである程度自己資金の回収をはかるというのが新築系の投資のキモになります）

運営上は、比較的楽な新築系の投資ですが、投資分析をきちんと行い投資を進める必要があるという点では、他の投資方法となんら変わりがありません。

2）今すぐのキャッシュフローは不要だが、定年後の生活が不安なので、そのための準備として不動産投資を始めたい

こういったニーズを満たすのは「そこそこの物件＋60歳でローンを完済」という方法です。

「そこそこの物件」というのは、定年までの年数にもよりますが、新築系だとローン完済が難しく、築古系だと建替え時期がタイミングとして被ってしまうおそれがあるので、ローンを完済したあとでも簡単な手直しをしながら長く運営していけるような物件ということです。新築よりは利回りも高く、築古よりは修繕費などの持ち出しが少ない中庸の投資といえます。また、新築系・築古系を組み合わせても同様の仕組みをつくることができます。

3）まとまった資産をごっそり作りたい

こういったニーズを満たすのは「築古物件＋資本改善＋転売」という組み合わせです。築古物件は、空室が多かったり、スラム化していたり、融資期間が短かったりと、一般的には投資家の食指がなかなか動かず売れ残っている場合が多いです。

これを、安く手に入れたのち、予算をかけて大幅な改修を行ったり、清掃頻度をあげるなどの運営の見直しを行ったりという施策を行います。

そして、満室になり、家賃も適正な状態に回復すれば普通の価格で転売することができるようになります。購入時に借りる融資も10年〜15年と短いので、売却時の残債もかなり減っているはずです。ちなみに、ローンの元金が減少したことによって手元に残った売却資金については、譲渡所得税は課税されません。これは、運用中、ローン返済の元金分を経費化してくれなかったかわりの税務署からのご褒美と、個人的には思っています。

築古6世帯のアパートの家賃が3万5,000円で、空室が半分の3室といったケースを例にとります。

満室想定で3万5,000円×6世帯×12か月＝年間家賃252万円。

あまりにも、オンボロで空室だらけ……表面利回り20％で買えたとすると売値は252万円÷20％＝1,260万円。

この物件に買値の約半分にあたる600万円をかけて綺麗によみがえらせた結果、家賃が4万5,000円になり、表面利回り10％でも買う人がいるという状態に仕上げると、年間家賃324万円÷10％＝3,240万円が売値ですから、売値3,240万円－（買値1,260万円＋修繕600万円）＝利益1,380万円（売り・買いに伴う経費を除く）。儲かります。

ただし、この投資のネガティブポイントは、

① 融資期間が短いので、借り入れ金額のわりに返済額が多く、ローンが終わるまではキャッシュが持ち出しになる可能性が高い。
② 改修に掛ける予算と、賃料・空室改善・改修後の売値などリターンの見込みがきちんと立たないと、コスト倒れしてしまう。
③ 改修程度では収まらない潜在的な建物の欠陥があった場合、それを是正するためのコストが非常に大きくなる（違法性、シロアリ被害・鉄骨の腐食など躯体に関する問題、耐震補強の必要性など）。

建築や・賃貸経営に関する知識をより多くもとめられる投資の方法です。だからこそ、参入障壁が高いともいえますので、チャレンジする価値はあると思います。

不動産投資は、自分で投資を作りこめる数少ない投資でもありますので、その特徴をもっとも色濃く反映するやり方です。

4）いつでも手仕舞いできるようにしておきたい

不動産投資を数ある投資のひとつとしてとらえている積極的な投資性向、また撤退のことをいつも念頭におくという保守的な投資性向。

どちらの場合であっても、いつでも、売却の選択肢を取れる、いわゆる流動性の高い投資を選択することは、そういった投資家のニーズをかなえてくれます。

こういったケースでは、「出口のバリエーションの多さ＋小口物件」の組

み合わせがよいでしょう。流動性に重きを置いた投資になります。

　出口のバリエーションの多さというのは、例えば、土地値の古アパートであれば、そのままアパートとして売ってもいいし、更地にしてもいいし（立ち退き交渉が大変ですから、入居者の入れ替わりがあるたびに定期借家権に切り替えておくとか下準備が必要ですが）といった状態の変化によってどちらでも買い手がいるということです。

　あるいは、入居者が入っているファミリータイプの区分（計算すると投資としてはたいていあまりよいパフォーマンスにはなりませんが）や、戸建賃貸を投資として考えている人に売るか、将来自分で使いたいという実需の人に売るといった用途の変化によってどちらでも買い手がいるということです。
　都心ワンルーム区分などは、投資としての買主しかいないので、出口のバリエーションが少なく問題である……と言う方もいますが、そもそもバリエーションが少ない代わりに相対的な買い手の数が非常に多く、そのデメリットを相殺して余りある状態であるということもいえます。

　また、都心区分の場合は事務所利用やセカンドハウス的な利用で実需の自己利用というニーズも少なからずあります。
　また、小ぶりな物件は次に買う投資家や実需の参入障壁が低く、多くの売却機会を得ることができます。あるいは、売却をせずに保有し続けていくという判断をするときにも、物件規模が小さく、融資を受けている金額が少なければ容易に全額繰り上げ返済をして、軽い負担の状態にしておくことが可能です。

　ここでご紹介した投資の方法は、あくまでも一例です。
　そして、ひとりの投資家が時期や年齢によって、違うニーズを求めることもありますし、いくつかのニーズを同時に満たしたいということもあるでしょう。
　その場合は、それぞれのやり方を組み合わせたり、入れ替えていったりと流動的に投資を組み立てていくことです。

10

これだけは絶対
知っておいたほうがいい
不動産投資の3つの仕組み

10 これだけは絶対知っておいたほうがいい 不動産投資の3つの仕組み

　数字を駆使した細かい投資分析の方法や、投資の構造については、前著『誰も書かなかった不動産投資の出口戦略・組合せ戦略』（住宅新報社）で詳しく触れ、本書は基本的な考え方をざっくり紹介するという趣旨で書かれています。

　したがって、ここで細かい計算方法などを述べることはしませんが、本当に重要な、根本的な3つの仕組み（考え方）についてご紹介させていただきます。数字や指標はとっつきにくいという方も、この3つだけは押さえるようにしてください。

1) 収益物件の価格を決定する計算式
　黄金律と呼ぶべき計算式です。本書でも、何か所かで触れましたが、計算式自体は簡単です。

　　$V = I / R$

　Vは Value ＝価値のことです。物件の価格は、「物件が稼ぐ実際の収入（NOI＝I）」と「その物件は幾らの利回りで売り買いされるか（キャップレート＝R）」この二つによって決定されるということです。

　そして、多くの場合「Iが低い」＝「Rが高い」という相関関係をもっています。
　例えば、空室だらけのスラム化した物件は「Iが低い」ですが、同時に多くの投資家がその状態をリスクが高いと判断し、より高い利回りでないと買わない……ということになります。つまり、「Rが高い」ということです。

　逆に言えば、そういった理由でV（価値）が低くなっている物件を買った投資家が、資本改善や運営の改善を行って「Iを高める」努力を行いそれが実現した場合には、市場の投資家が感じるリスクは取り払われますから「Rが低くなる」という効果を生じます。

分子が増加し、分母が減少すると、解であるＶは大きく上昇します。バリューアッド（価値上昇）、あるいはターンアラウンド（再生）と呼ばれる投資の仕組みはこうなっています。

さらに、より詳細にこの考え方を見た場合、将来のＮＯＩ（賃料から空室損や運営費を除いた正味の収入）の上昇や下降といった時系列を勘案した要素も含まれることも、知っておくとよいと思います。

ゴードン成長モデルと呼ばれていますが、将来的にＮＯＩが上がっていくと見込まれるのであれば、その分買うときの利回りは低くても（＝高く買っても）、求めた投資利回りは確保できる、逆に、将来的にＮＯＩが下がっていく予想であれば、その分利回りを高く（＝物件を安く）買わないと求めた投資利回りを確保できないという考え方です。

計算式にすると「Ｖ＝ＮＯＩ／（ｒｆ＋ｒｐ－ｇ）」
　　・ｒｆ＝長期国債などのリスクフリーレート
　　・ｒｐ＝その物件特有のものも含めたリスクプレミアム
　　・ｇ＝ＮＯＩの成長率

となります。少し難しいかもしれませんが、不動産投資の世界に限らず投資を行う上では必ず知っておかないといけない仕組みです。

「ゴードン成長モデル」

Ｖ＝ＮＯＩ／（ｒｆ＋ｒｐ－ｇ）

Ｖ：物件の価値
ＮＯＩ：想定賃料から空室損と運営費をのぞいた正味の年間収入
ｒｆ：安全資産金利（リスクフリーレート）
ｒｐ：リスクプレミアム
ｇ：利益成長率

２）モノサシを揃えて、投資の中身をつまびらかにする方法

「キャッシュフローツリー」と呼ばれる損益計算書的なモノサシに基づい

てお金の流れを整理すると、その投資の効率性・安全性、あるいは弱点・強みといったものが明らかになります。

キャッシュフローツリー

GPI（満室で相場家賃）
－）空室や滞納損失
＋）雑　収　入
　　EGI（稼働している収入）
－）Opex（管理費など運営費）
　　NOI（正味のネット収入）
－）ADS（ローン返済額）
　　BTCF（税引前の手取り）
－）Tax（所得税・住民税）
　　ATCF（税引後の手取り）

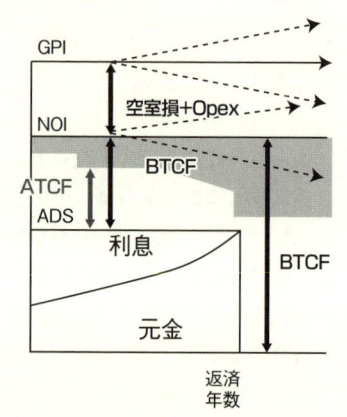

引き直した相場賃料（GPI）から、空室損や滞納損失を控除したり、自販機や駐車場といった雑収入を加えたり、あるいは固定資産税や清掃費といった運営費を控除して、その物件が毎年生み出す正味の収入（NOI＝営業純利益）はいくらか？という答えを導き出します。そこから、ローン返済を控除して、所得税・住民税を控除すると税引き後の手取り金がわかります。

そして、この作業で揃えたお金の流れの要素をひとつずつ拾って、たとえば、この投資の実際の利回りは何パーセントなのか（FCR＝NOI÷総投資額）、あるいは、自分で出資した投資資金は何パーセントの利回りで回っているのか（CCR＝CF÷自己資本）といった計算をしながら投資判断をしていくわけです。

何パーセントの空室まで耐えられるか（損益分岐点BE％＝（運営費＋ローン返済）÷満室時の賃料）なんていう計算だってできます。本書では、詳しい計算方法については紙面を割きませんが、ぜひ本格的な投資分析の方法を身につけてください。きっと投資の見方が大きく変わるはずです。

3）購入⇒保有⇒売却までの全期間を俯瞰して投資を丸裸にする方法

　ＩＲＲ（内部収益率）という一見、難しそうに見える指標があります。この考え方がわかると、投資の中身を丸裸にすることができますし、これを知って目からうろこが落ちたという投資家は多いです。

　ＩＲＲの定義は「複利計算に基づいた投資に対する収益率（利回り）であり、ＮＰＶの累計がゼロになる割引率として求められる」となりますが、ちょっとわかりにくいですね。
　簡単にいってしまえば、持っている間とか、売却するときにとか、投資の全期間を通じて色々なタイミングで発生するキャッシュの出入りのモノサシを揃えて、最初に投資した資本をどの程度の効率で運用できたかということです。

　お金の出入りのタイミングをカンタンなグラフにすると理解しやすいかもしれません。

① 築古アパート投資のＩＲＲ
　　古いオンボロアパートは、融資期間も短く、修繕コストもかかりますので、保有中のキャッシュフローは少なくなります。逆に、融資期間が短いおかげで、売却するときのローン残債はかなり減少しますし、土地値で購入、土地値で売却ということで、保有期間終了後の売値も買値とあまり変わらなかったり、場合によっては投資の改善によって売値が上がることだってあります。
　　ＩＲＲのグラフにすると次ページのようになります。
　　グラフでは、購入時の投資資金500万円、保有している5年間のキャッシュフローは20万円、売却時に手元に入るキャッシュは1,000万円という計算をしていますが、購入時点の自己資金の単年度利回りは20万円÷500万円＝4％と非常にパフォーマンスが低いながらも、投資全体でみると18％の投資利回りを確保できているという計算になります。

オンボロアパート

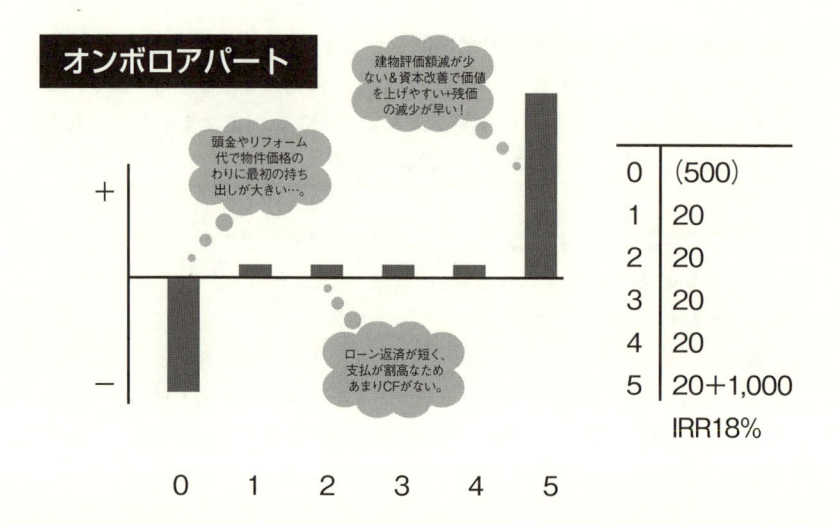

- 建物評価額減が少ない＆資本改善で価値を上げやすい＋残価の減少が早い！
- 頭金やリフォーム代で物件価格のわりに最初の持ち出しが大きい…。
- ローン返済が短く、支払が割高なためあまりCFがない。

0	(500)
1	20
2	20
3	20
4	20
5	20＋1,000

IRR18％

② **新築アパート**

　一方、新築アパートの投資は築古アパートの投資とは違って融資期間も長く、修繕コストもかかりませんので、保有中のキャッシュフローは多くなります。逆に、融資期間が長いせいで、売却するときのローン残債はあまり減りませんし、建物価値が目減りするということで、保有期間終了後の売値は大抵の場合、買値よりも値下がりします。

　ＩＲＲのグラフにすると次ページのようになります。

　グラフでは、購入時の投資資金500万円、保有している５年間のキャッシュフローは100万円、売却時に手元に入るキャッシュは450万円という計算をしていますが、購入時点の自己資金の単年度利回りは100万円÷500万円＝20％と非常にパフォーマンスが高いながらも、投資全体でみると実際は18％の投資利回りであるということがわかります。

　この新築アパートも、先ほどの築古アパートとＩＲＲは同じということですから、この二つの投資のパフォーマンスはどちらも同じということになります。

　あとは、キャッシュフローのタイミングや投資の特徴が違いますか

ら、資本改善を行って物件の価値を高める投資をしたいならば前者、初期のキャッシュフローを使って前半に投資を拡大していきたいのなら後者を選ぶことになるでしょう。

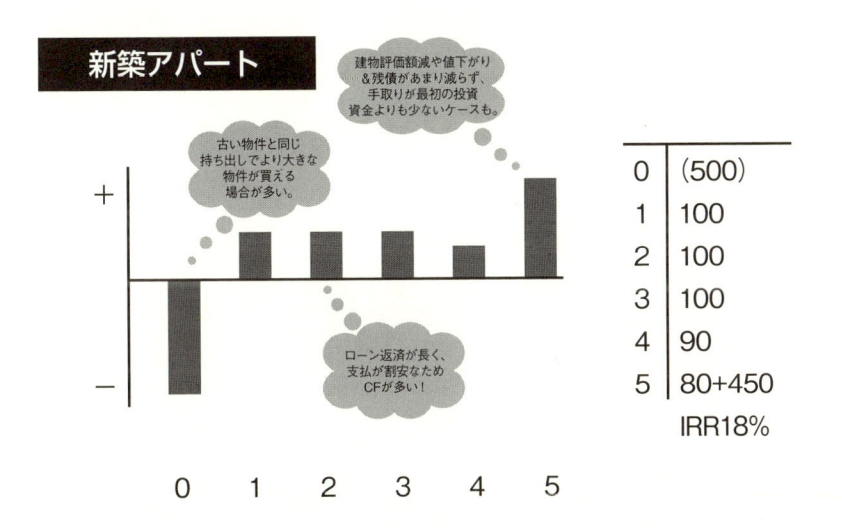

新築アパート

- 古い物件と同じ持ち出しでより大きな物件が買える場合が多い。
- 建物評価額減や値下がり&残債があまり減らず、手取りが最初の投資資金よりも少ないケースも。
- ローン返済が長く、支払が割安なためCFが多い！

0	(500)
1	100
2	100
3	100
4	90
5	80+450

IRR18%

③ フルローン＋地方RC造一棟

　投資拡大のスピードが速く人気の、「フルローン＋地方RC造一棟」という投資はどうでしょう。この投資は相対的な投資規模が大きいうえに融資期間も長く、初期の段階でかなり大きなキャッシュフローを生み出してくれる場合が多いです。

　課題は、賃料低下と空室率。そして、それを解決するためにかかる営業コストや資本改善コスト。大規模修繕的なスラム化を避けるためのメンテナンスコストも規模に比例して過大になることです。最初期のキャッシュフローは多くなりますが、急激に悪化し、場合によってはかなりの金額のキャッシュアウトが発生するケースもよくあります。融資期間が長いせいで、売却するときのローン残債はあまり減りませんし、市場の弱さから流動性が低く、保有期間終了後の売値は大抵の場合、買値から大幅に値下がりします。

　IRRのグラフにすると次ページのようになります。

グラフでは、購入時の投資資金500万円、保有している5年間のキャッシュフローは初年度300万円、その後250万円、100万円と減少していき、最後の2年間は50万円の持ち出し。売却時の売値と残債の差額は1,000万円で、これは自己資金から持ち出しという計算をしています。購入時点の自己資金の単年度利回りは300万円÷500万円＝60％と驚くようなパフォーマンスを実現していますが、投資全体でみると実際は計算不能＝投資不適格であるということがわかります。

フルローン＋地方RC造一棟

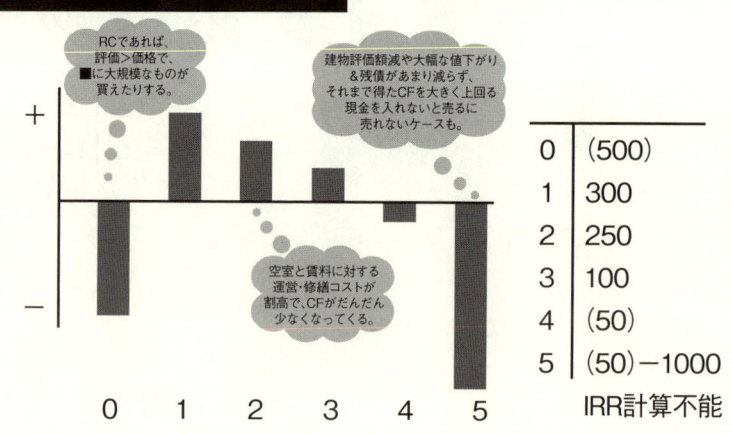

0	(500)
1	300
2	250
3	100
4	(50)
5	(50)－1000

IRR計算不能

吹き出し：
- RCであれば、評価＞価格で、に大規模なものが買えたりする。
- 建物評価額減や大幅な値下がり＆残債があまり減らず、それまで得たCFを大きく上回る現金を入れないと売るに売れないケースも。
- 空室と賃料に対する運営・修繕コストが割高で、CFがだんだん少なくなってくる。

④　フルローン＋都心新築区分

　借上げ保証や提携ローンで参入障壁が低く、立地の良さや新築ＲＣといった安心感から人気のある「フルローン＋都心新築区分」という投資はどうでしょう。この投資は利回りが低く、逆レバになってしまい、基本的にローンを使うと持ち出しが発生してしまいます。また、現金で購入したとしても相対的に投資した金額に対するキャッシュフローの金額は見劣りがしますし、融資期間も長く残債の減少が進まないのに、購入価格から売却するときの値下がりが大きいということから、全期間を通じ、どのタイミングにおいても「一度も」キャッシュフローを得られない稀有な投資（？）です。

ＩＲＲのグラフにすると下記のようになります。
　グラフでは、購入時の投資資金50万円、保有している5年間のキャッシュフローは毎年20万円の持ち出し。売却時の売値と残債の差額は500万円で、これは自己資金から持ち出しという計算をしています。購入時点の自己資金の単年度利回りはマイナス20万円÷50万円＝マイナス40％と、投資として成り立っていませんが、投資全体でみても実際は計算不能＝投資不適格であるということがわかります。

フルローン+都心新築区分

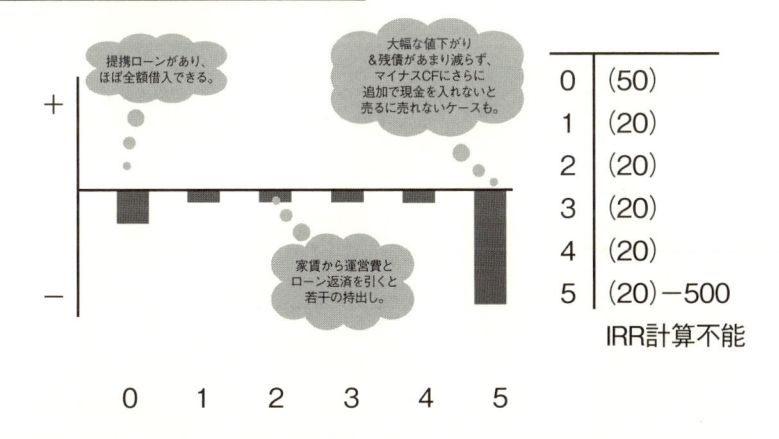

提携ローンがあり、ほぼ全額借入できる。

大幅な値下がり＆残債があまり減らず、マイナスCFにさらに追加で現金を入れないと売るに売れないケースも。

家賃から運営費とローン返済を引くと若干の持ち出し。

0	(50)
1	(20)
2	(20)
3	(20)
4	(20)
5	(20)－500

ＩＲＲ計算不能

⑤　都心の中古区分

　立地の良さ、投資規模のコンパクトさ、流動性の高さなどから根強い人気のある「都心の中古区分」は、ある意味ごくごく標準的な投資の組み立てとなります。
　融資期間20～25年程度と中庸で、修繕コストも室内のみに限定され、賃料単価の高さと相まって負担は相対的に低くなります。保有中のキャッシュフローも中庸ですし、売却価格も安定していて、保有期間終了後の売値は大抵の場合、買値と同じくらいという場合が多いです。
　ＩＲＲのグラフにすると次ページのようになります。
　グラフでは、購入時の投資資金180万円、保有している5年間の

キャッシュフローは13万円、売却時に手元に入るキャッシュは160万円という計算をしていますが、購入時点の自己資金の単年度利回りは13万円÷180万円＝約7％と中庸なパフォーマンス。そして、投資全体でみても実際は5％程度の投資利回りであるということがわかります。グラフには、10年保有の場合のＩＲＲ＝10％となっていますが、5年後も10年後もあまり、売値が変わらない都心区分ならではの特徴といえます。

　安定した、そして流動性の高いアセットとして他の投資と組み合わせるにしても、最初に始める投資としても使い勝手のよい投資といえます。

都心の中古区分　(当初借入700万円。残債は→5年後610万円、10年後には500万円。都心部の古い区分は、賃料低下や再販価格の低下しにくいのでこのような変化の少ないシミュレーションになる可能性が高い。)

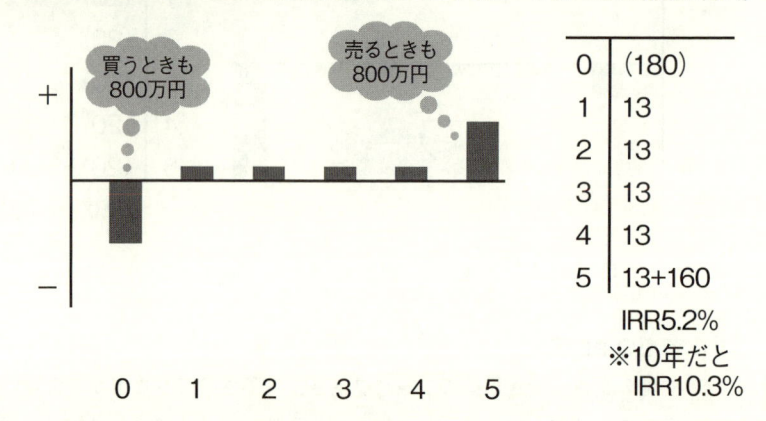

買うときも800万円
売るときも800万円

年	キャッシュフロー
0	(180)
1	13
2	13
3	13
4	13
5	13+160

IRR5.2%
※10年だとIRR10.3%

⑥　**都心の中古区分（再販業者売主物件）**

　安定した、そして流動性の高いアセットとして人気が高く、参入障壁の低い都心の中古区分ゆえに、新築区分との中間的存在として、提携ローンや、借上げ制度などの付加価値をつけたうえで買取り・再販というビジネスが活況です。

　この場合は、どんな投資になるでしょうか。

　ポイントは、都心中古区分の特徴でもある売却時の価格があまり変わ

らないというメリットを失ってしまう点です。また、もともと中庸な投資ですから、買値が上がってしまうことによって投資パフォーマンスが一気に落ちます。

　ＩＲＲのグラフにすると下記のようになります。

　グラフでは、逆レバで持ち出しが発生すること、あるいは大きなキャピタルロスが発生することがわかってしまうことを恐れてか、ローンを組むことを、また、将来の売却をすることを勧めない再販業者が多いことから、現金買いで購入という計算をしています。

　投資資金本来の価格800万円＋再販業者の利益300万円＋諸費用110万円＝1,210万円、保有している５年間のキャッシュフローは31万円、売却時に手元に入るキャッシュは800万円という計算をしていますが、購入時点の自己資金の単年度利回りは31万円÷1,210万円＝約2.5％と、新築区分よりはマシとはいえ、かなり低いパフォーマンス、そして、投資全体でみると実際は約マイナス５％と投資不適格であることがわかります。また、10年保有の場合でもＩＲＲ＝約マイナス１％とこれでも投資不適格。銀行に預金しておいたほうがましということになります。

都心の中古区分（業者の買取利益プラス）

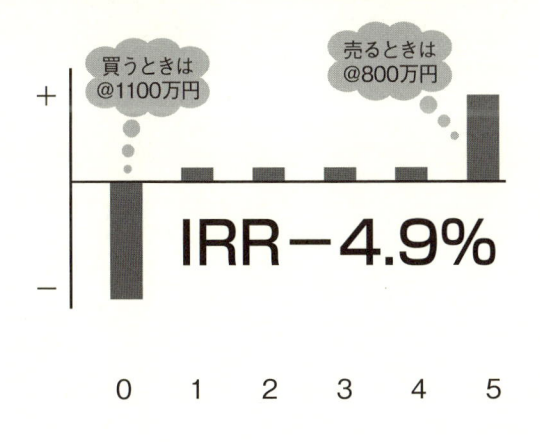

買うときは
＠1100万円

売るときは
＠800万円

IRR－4.9％

0	(1210)
1	31
2	31
3	31
4	31
5	31+180

IRR－4.9％
※10年だと
IRR－0.98％

11

最後に

11 最後に

　お疲れさまでした。数字と指標だらけでとっつきにくいという評の多かった前著『誰も書かなかった不動産投資の出口戦略・組合せ戦略』（住宅新報社）とは、一転、基本的な「考え方」にフォーカスをあて、パターン化した投資の特徴を理解していただくことに主眼をおいた本書ですが、それでも理屈や計算的な部分は少なからず盛り込むことになりました。
　でも、やはり数字を用いて投資を分析し、選択し、実行していく知識や知見は、自分自身を守るためにも、より効率的な投資を実現するためにも欠かせない投資家としての基本的な素養だといえます。

　フロンティアスピリッツをもって、自分のスタイルで、手探りでやっていくというのもひとつの方法ですが、結局は最初に知識の習得・データ分析といった時間と労力の投資を行うことによって、そのあとのリカバリーするために使う能力・時間・資金を無駄にしなくて済むということを考えると、やはり最初のスタートアップが重要ということになると思います。
　様々な失敗や苦労をすると確かに、投資家や大家としての力は付きます。
　でも、投資は修行ではありませんから、あえてそれを求めなくても……と思ってしまうわけです。

　本書の中でも、何度かご紹介しましたが、数字で投資を理解するための計算方法、あるいはどういった作戦で自分の投資を組み立てていくか、また出口戦略やポートフォリオの組み方についての詳細は、前著にぜひ取り組んでください。数字や指標だらけの本ですから、とっつきにくく感じるかもしれませんが、最初、まず通しで読み飛ばしてから具体的な（自腹で検討・運用している）物件で計算してみると腑に落ちると思います。この本は「不動産投資の道具（ツール）」としての位置づけと思ってください。

　読者の方とお会いすることも多いのですが、ぼろぼろになるまで読み込んであっちこっちに書き込みをされている方が数多くいらっしゃいます。
　この本に出会って、自分の方向性がはっきりしましたという声をいただく

ことも多いです。
　そして、本書は、前著を読み込まれた読者の皆さんにとっても知識の整理、応用といった部分で価値のある一冊と自負しています。
　ぜひ、この2冊を友に良い物件、良い投資と出会ってください。応援しています。

　　　2013年3月1日上梓

　　　　　　　　　　　　　　　　　　　　　　　　　　　　猪俣　淳

あとがき
「お金の話」

あとがき「お金の話」

　不動産投資についての本を書いたり、セミナーをしていると「お金について、どのような考えをお持ちですか？」という質問を受けることがあります。
　ファイナンシャル・プランナーであり、不動産証券化マスターであり、貸金業務主任者でもありますから、いわば不動産だけではなく、お金の専門家としての側面も持っていますもので。

　本を読んでいただいたり、セミナーを聴講していただく皆さんは、大抵オトナの方々ですから、「お金の話」については皆さんそれぞれ考えがあります。中には、投資顧問会社の代表をされていたり、外資系の投資銀行を含めた金融機関や、証券会社、ファンド、あるいは大手の経済研究所・総合研究所などに勤務されている方もたくさんいらっしゃいます。

　当然、私よりも稼いでいる方、資産をお持ちの方、日常的により多くのお金を動かしている方も少なくありません。

　そういったことを承知のうえで、「私にとってのお金とは」「お金とどう付き合っているか」という、よく質問されるごくごく私的なお話をさせていただくということで、「お金の話」という講演を2012年に全国で行いました。

　不動産投資スタートアップ講座としてのこの本の巻末付録でお金の話について触れるのは、少なからず意味のあることと思いますので、この場を借りてご紹介をさせていただきます。

お金に関しての自己紹介〜少年期〜

私の「お金に関しての」自己紹介をさせていただくと、幼年期までさかのぼります。

私の実家は地方都市のはずれにある、海の近くの小さな集落にあります。家の目の前は蛙の鳴き声もにぎやかな田んぼで、遠く打ち寄せる波音が子守唄といったのどかな場所で育ちました。

宮大工の棟梁の家で厳格に育てられ、中学時代に一家の大黒柱を失い子供ながらに沢山の兄弟の生活を背負うことになり、長じて集団就職で上京してきた父が、網元の娘である母と知り合い、結ばれて始めた小さな魚屋が私の育った家です。

職人気質のこだわりと、他人の眼を気にせず生きる自由さは、おそらく大工の血と、漁師の血のDNAがなせるわざかと‥個人的には思っています。

父は7人兄弟姉妹、母は14人兄弟姉妹とどちらも多産の家系ですが、私

自身も7人兄弟姉妹。上から数えても下から数えても4番目の次男坊です。

　9人家族で、2K＋店舗という間取りの古く小さな住宅に住んでいましたので、まるで合宿所のような暮らしでした。

　エアコンはおろか、ストーブも扇風機もなく、冬は豆炭こたつと火鉢で暖をとり、火が落ちると、こたつ布団にみんなで足を突っ込んで温まりながら、白黒テレビを観る。

　私の勉強机は、リンゴ箱の上に、本棚になるミカン箱を載せて、針金とボロキレで目隠しのカーテンを吊るという代物でしたが、楽しかったですよ。

　早く独り立ちして稼ぎ、広々とした自分の家が欲しいということから不動産・建築の道に進むことになったのには、この原体験があります。

　商売のかたわら、大勢の子育てですから自分のことは自分で、というルールがあり、労働力の1人としてカウントされていました。

　小学校から帰ると、体操服のままゴム長靴と前掛けをつけて出刃包丁を握り、店の手伝いをしました。

　買い物に来る近所のおばさんたちにはよく可愛がられましたので、商売人的なコミュニケーションの方法やセンスはこの時、身についたものです。

　店の配達や手伝いで駄賃をもらったりしていましたが、小学校3年生の時に自分のビジネスを持つことを思い立ちます。

　父と違って、商売っ気のある母親は結構喜んでくれて、商売に必要な道具を用意したりといろいろ協力してくれました。

　思いついたビジネスはこうです。

海水浴場にもなっている自宅から歩いてすぐの海辺には、大風が吹いて波が荒れた翌日にはたくさんの漂着物が流れ着きます。

　その中に、少なからずコーラやビールの瓶が含まれますが、浜の端から端まで歩くと結構な本数が集まります。これを拾い集めて酒屋に持っていくと１本５円とか10円といったお金になりますので、しばらくこれを続けるといつのまにか千円とか二千円といったまとまったお金が貯まります。

　この資金を元に、当時魚屋の店先の一角で売っていた日用品雑貨やお菓子の問屋のひとつである氷菓屋さんから、アイスを箱買いします。

　これを、市場からもらってきた発泡スチロールの箱に詰めて海水浴場の端から歩いて売っていくのです。

　良い思い付きだ！と思ってここまでたどり着いたものの、元来はシャイな性格。いざ出発となると恥ずかしくてもじもじしていたら、それに気づいたんでしょう。

　代金とおつりを入れておくための木箱をセットしてくれながら、母親が「よし、行ってこい」と背中をポンとたたいて送り出してくれました。

　覚悟を決めて、「アイスいかがですか〜！」と砂浜に立ち、精いっぱいの大きな声で第一声を発したら、あとはお調子者の性格が前に出て、もうなんにも怖くなくなりました。

　いまにして思えば、50円のアイスを100円で売れば良かったのですが、そこは子供のことですから50円で売ってしまい、利幅はわずかなものでした。

　でも、「ボク、偉いねぇ」と500円くれる人なんかもいて、結構な売上げが立つようになりました。

その売上げで、またアイスを仕入れ、浜を往復して売り切りということを繰り返すうちに、ひと夏でかなりの現金が手元に残りました。

母と違って商売っ気がなく、市場から帰って店に魚を並べると、奥の大きな事務机に陣取っていつも難しい本を難しい顔をしながら寡黙に読んでいた父の影響で、本は子供のころから大好きでした。

父親からの誕生日プレゼントも大抵は本でした。

アイスの利益の多くは本代になりました。江戸川乱歩の少年探偵団シリーズになることもありましたし、ＵＦＯや心霊写真といった小学生のハートをぐっとつかむ本になることも。

読み終わると、学校に持っていって教室の一番後ろの棚に並べて一冊30円で貸していました。

そのうち、このビジネスは夏場でないと通用しないということに気づき、いろいろ考えているうちに、どこかで雇ってもらってお金を稼いだ方が効率がいいという結論に達しました。

初めて、家の手伝い以外でアルバイトをしたのは小学校５年生のとき。

当時から、体が大きくて頑丈でしたから鉄筋大工の手伝いをしました。昔は、子供の労働に対して寛容な世の中でしたから。

解体した石積みの擁壁をトラックにひとつずつ積み込んだり、組んだ鉄筋を細い番線でくるくるっと固定したり。いっぱしのガテン系小学生です。

そんなことで、家はその頃の同級生のみんなと同じく、決して裕福ではありませんでしたが、小学校・中学校を通じて子供のくせに金回りはよかったです。

今でも馴染みの店ですが、学校の近くにできたばかりの中華料理屋にひとりでサンマー麺を食べにいったり、街に出て三本立ての映画を見に行ったり、友達を引き連れてボーリングをやりに行ったり……まぁ、生意気なもんです。

そんな少年時代も終わりを告げようとしていた中学三年生最後の冬、人生観を変える大きな事故に遇うことになります。

たいした授業も残っていないからと、申し合わせて悪友たちと３人で「学校をさぼって自転車で30分ほどの距離にあるヤクルトアトムズの２軍練習場を見に行こうぜ」という話になったのが事の発端です。

つづら折りの登り坂を延々と３台でペダルを漕ぎながら登っていくうちに、誰からともなく、「坂のところどころにある民家の側道に一度自転車を引っ張り上げてから勢いをつければラクなんじゃねぇか？」と言い出し、１台、２台とシャーッと行った最後に私が飛び出した途端、見通しの悪いカーブから現れたトラックと正面衝突をするはめに……。

事故の瞬間は覚えていません。

大けがをすると、エンドルフィンが分泌されてあまり痛みを感じないと言われますが、まさにそのとおり。そして、その瞬間に一時気を失います。

意識を取り戻したときには、２月の冷たい道路の上に仰向けになっていました。ザザーッと竹藪が北風に大きく波打つ音だけが、深い青空に響きます。

幸運だったのは、柔道部の主将でしたから無意識のうちに受け身の体勢になっていたこと。

前歯を４本根っこから飛ばしましたが、それ以外は奇跡的にどこがどうなったのかいまだに謎です。顔面も含めかすり傷ひとつ負いませんでした。

高校に進学し、最初の英語の授業ではまだ差し歯が間に合わず、「ｔｈ」の発音ができなくて笑われたのが困りものでしたが。

　このとき、15歳の自分は二つの確信を得ました。

１．多分、自分は強運の持ち主だ
２．人は、いつ死ぬかわからない

　そして、この二つの確信が、その後の自分の人生を方向づけました。

１．多分、自分は強運の持ち主だ⇒「きっとなんとかなるだろう」
２．人は、いつ死ぬかわからない⇒「やりたいことは我慢しない」・・・

お金に関しての自己紹介～プレ青年期～

　こうして始まった、私のプレ青年期。お金との付き合い方は、思わぬ方向へと進んでしまいます。

自主独立の家風にもとづき、高校も大学もバイトと奨学金で行きました。

　選んだ仕事は、深夜シフトで泊まり込みの羽田空港の貨物の積み下ろしのバイトと、昼間のプリント基板工場のバイト。

　食事をする暇も惜しんで夜勤と昼勤の合間を縫って授業を受けるという、どっちが本業かわからない生活をしていました（この頃は、痩せていました）。

　女の子との出会いが期待できることから、大学生に人気が高かったファストフードや喫茶店のバイトは全く選択肢にありませんでした。女性と出会える職場は時給が安いですから。

　そんな、状態ですからせっかくの学生時代も自由時間はほとんどナシ。女性の影も当然ナシ。

　いかしたクルマでも買ったらモテるかと思って、ローンで50万円の中古のケンメリも買いましたが、当然そんなに世の中は甘くなく……。

　借金と維持費で、さらに馬車馬のように働く羽目になりました。

　就職先も決まり、バイトも一段落した時に、卒業式にも出ずに南ヨーロッパと北アフリカにふらりと1か月、替えの下着を一組だけ持って旅立ちました。

　失った自由な時間のかけがえのなさにふと気が付いたんです。

　社会に出る前に、自由な時間を取り戻さなきゃと……。

　そして、これもまた借金でした。

なにしろ、
1．多分、自分は強運の持ち主だ⇒「きっとなんとかなるだろう」
2．人は、いつ死ぬかわからない⇒「やりたいことは我慢しない」
ですから。

お金に関しての自己紹介〜青年期〜

　大学を卒業して就職したのは、小さな不動産・建築会社。子供の頃の原体験から、この業界に入れば稼ぎも良さそうだし、早く家が買えるかなと思ったのが動機です。単純なものです。
　でも、この業界にしては珍しく固定給制でしかも宅建をはじめとした資格取得に理解があり、また顧客を長く大切にするという、それまでの業界の悪いイメージを払拭するようなスタンスの会社に最初から出会うことができたのは幸運だったと思います。この会社には22年も勤めることになりました。

学生時代から付き合っていた彼女（今の家内です）とは、就職したらすぐに結婚するつもりでいました。しかし、彼女の父親からは２つの課題が与えられました。
　ひとつは、不動産業界に入ったからには、宅建の資格を取ること。もうひとつは、100万円の現金を貯めること。この２つの条件が満たされない限り、一人前の大人として認めないというものです。
　さすがに、お金に対しての無頓着さを見抜いていたんでしょう。
　目の前にぶら下げられたニンジンに向かって努力をしました。通勤の電車の中で、休みの日の図書館で、一心不乱に勉強し、入社半年後の最初の試験で一発合格をしました。
　そして、給与からクルマと海外放浪のローンを返し、奨学金を返し、実家に生活費を入れ、最低限のお金を残して、すべて積立預金にまわし、１年かからずに100万円の現金を用意しました。
　晴れて、23歳で結婚。この100万円を頭金に中古のマンションも買いました。
　そして、所帯を持った責任感と、元来働くことが大好きなことから、それこそ早朝から夜中はおろか次の日の明け方まで寝ずに働いているうちに、理屈っぽくて営業成績の上がらない典型的な頭でっかち社員だったツカエナイ

若造も、いつのまにかトップセールスになり、25歳で副店長、27歳で店長。新規出店部隊の最前線でガンガン稼いでいきました。

生活レベルは上がったが・・・

　新婚当初の年収はおよそ300万円。
　住宅ローンを組んで手に入れたせっかくの新居の中は、がらーんとしていました。妹が遊びにきた時に「何にもないね、この部屋」と言ったことを、いまだに思い出します。
　私が、実家から持ってきた新婚の荷物は段ボール箱が7つとヤマハパッソル1台。初めてのボーナスで扇風機を買い、冬のボーナスではストーブを買えず、隣のご主人が単身赴任の時に使っていた小さな電気ストーブを借りていました。スーツは、2着目半額のコナカのスーツ。
　きっと年収が500万円になったら楽になるからナ、俺、仕事頑張るからさ、ということを2人で話していました。
　その後、前述のように順調に出世し、500万円、700万円、1,000万円と年収は増えていきましたが、実は生活はあまり楽になりませんでした。
　年収が増えるにつれ、所得税や社会保険料なども合わせて増加します。
　そのうえ、パッソルは中古のスズキジムニーになり、新車のジープラングラーに。中古のマンションは、新築の一戸建てになり部屋にはエアコンさえも付きました。おまけに着ているスーツはよせばいいのにブルックスブラザーズ。まったく懲りていません。
　そうこうしているうちに、結婚13年目にしてようやく初めての子供を授かりました。しかも双子の男の子。現在は、私立の中高一貫校に通っていますがとにかくお金がかかります。
　「子どもは金がかかるぞー」と、諸先輩に脅かされましたが、まったくです。
　本文でも触れましたが、子供を塾に通わせて、大学まで行かせると全部でひとり1千万円以上のお金がかかります。
　それまで、夫婦2人だけのことだけを考えていればよかった、ある意味独身の延長線上で生きてきた人生を見直す大きな転機になりました。
　そして同じ時期、家内の父親の定年というもうひとつの人生の転機があり

ました。

　義父はウチの実家と違って、丸の内に本社を置く上場企業の部長から取締役、そして子会社の社長とサラリーマン人生の王道を歩んできた人です。

　退職金は3回合わせて1億円近く、最終年収もおそらく数千万円といったところでしょう。

　でも、現役時代には羽振りのよかった義父も、定年になり定期的な収入が途絶えると途端に財布のひもが堅くなりました。デパ地下での食材選びは、近所の激安スーパーの見切り品ハントになります。

　いくら現金を持っていても、何歳まで生きるかわからないわけですから倹約しながら少しずつ取り崩していくことになります。しかも、義父の家系はみんな長生きです。

　この二つの転機を迎えて、お金と人生について意識するようになったわけです。

お金に関しての自己紹介〜現在〜

ということで現在に至るわけですが、現在の私は、皆さんが想像しているほどうんと金持ちではありません。また、びっくりするような高収入なわけでもありません。

　でも、将来も含めお金で悩むことは特にありません。

　スゴイ贅沢を求めているわけでもありませんので、大好きな寿司屋のカウンターで値段を気にせず腹いっぱいになれて、アマゾンで大好きな本とガジェットを大人買いして、財布にいつも10万円位入っていれば、もうそれだけで十分幸せ。何もいうことはありません。

　うんと仕事を楽しんでいますし、もちろん生活も楽しんでいます。

お金に関しての考え方

　「お金で幸せを買うことはできない。だが、不幸を避けることはできる」。誰の言葉かは忘れましたが、名言だと思います。

　「もう100億円あれば巻き返せた」とうそぶいた、厚生年金基金などの顧客から預かった年金資産1,458億円のうち、1,092億円を消失させ、全国のサラリーマンの恨みを買ったＡＩＪ投資顧問の浅川社長の月収は、夫婦で900万円だったそうですが、彼になりたいとは思いません。

　106億円の巨額マネーを財布代わりの子会社から引き出し、大半をカジノにつぎ込んで逮捕された大王製紙の御曹司、井川前会長もあまり幸せとは思えません。

　だからといって、一部の方々がよく言われる「お金を稼ぐのは悪」あるいは、「お金なんて」という気もさらさらありません。

　この豊かな時代にあって貧困で餓死する人は毎年100名近くいらっしゃいます。この２人が逮捕された翌年早々、さいたま市のアパートで、60代の夫婦と30代の息子が３人揃って餓死した事件があったのは記憶に残るところです。

また、震災の年の１月、大阪府豊中市で起きた資産家姉妹餓死事件も痛ましいものでした。

　現地にも足を運び、役所を含め色々と調べて、ある程度は真相がわかりましたが、相続対策を必要な時にやらず、必要なくなってからやり、しかも無計画にいわれるがまま乗っかってしまった…というのが最大の原因です。

　平成バブル崩壊直後の最も不利な時期に相続が発生し、相続税5000万円が払えず、20年の延納を選択、ほかに所有していた不動産の地代で支払っていましたが、それだけでは賄いきれず土地を処分していくも、最後に建てた恐らく満室で収支トントンという15世帯のマンションが５戸も空室になっていたのが、最後のダメ押しになっています。

　亡くなった時の所持金はわずか90円……お金にまつわるやりきれない不幸です。

　ちなみに、相続税について詳しい人は意外と少ないと思います。一般的に相続税の支払い対象になる人は少数派ですから。

　控除額を超える相続財産がある場合、被相続人が死亡してから10か月後には、耳を揃えて納税するルールになっていますが、まず亡くなった方の現預金は最初に持っていかれます。それでも足りなければ、相続人の現預金も一部を除いてすべて持っていかれます。
　一部とは３か月分の生活費と１か月分の事業経費。法定の生活費は本人10万円／月、家族１人あたり追加で4.5万円／月。延納は１年から20年まで自由に回数を決められますが、延滞税もきちんと取られます。さらに、延納中は法定の生活費を超える収入を全部持っていかれます。

　豊中の姉妹は、5,000万円を20年延納と記事に書かれていましたので、事業の赤字のほかに年間250万円プラス延滞税で、おそらく400万円以上の納税をしていたはずです。

いまの日本では、マネーリテラシーがないと、いくら資産家でも破綻するようになっています。

人生の三大身分不相応

『サラリーマンは２度破産する～年収1,000万・高収入の世帯が危ない！中流バンドの崩壊～』（藤川太著　朝日新書）の中で象徴的に取り上げられていましたが、ソウソウと実感される方は多いのではないのでしょうか。

人生の三大身分不相応とは…１）住宅　２）自家用車　３）子供の教育。

特に、年収1,000万円というひとつの壁を超えると自分が高収入であるがごとく錯覚してしまい、高額な住まいに引っ越したり、高級車に乗り換えたり、子供をいい学校に入れたりということを始めてしまう。

そして、子供が大学に進学する40代と、年金を受け取り始め、退職金が底をつき始める70代が最も危険という指摘をしています。

さらに、老後にかかる資金は年間300万円、60歳定年から90歳までの30年間で9,000万円（総務省家計調査年報2010年）という数字を本文でご紹介させていただきましたが、独立系のＦＰが提案するのは「だから現役のうちに生活を切り詰めて（自分が販売する）生命保険や金融商品を上手に選択しながら貯えをしましょう」というもので、それをするにも、同じく本文でご紹介したサラリーマン人生40年の可処分所得は年間わずか275万円しかないという事実から見ても困難であるということがわかると思います。

そういった意味でも定期的な収入が入ってくる仕組みが誰にも必要であること、そして不動産投資はそのための方法として悪くない方法だということを強調したいと思います。

破綻する人の特徴

不動産の仕事をしていると人生のいろいろな節目に立ち会うことが多いというお話を３人の60歳の方々を事例に本文でご紹介させていただきました。

ほかにも、滞納者や問題入居者などとの接点も持ちますので、人生をお金でしくじるパターンに出会うことも数多くあります。これらのうち代表的な３つの類型化された特徴をご紹介しましょう。

１）無駄遣いが多い
　そもそも貯蓄をしない。「墓場までお金は持っていけない」「自分に投資」が口癖で、趣味や遊び、パチンコを含めたギャンブル、収入に比べ不相応な住まいやクルマ・ブランド品など、様々な理由を付けて散財。足りなくなったら借金、返せなくなったら破産。

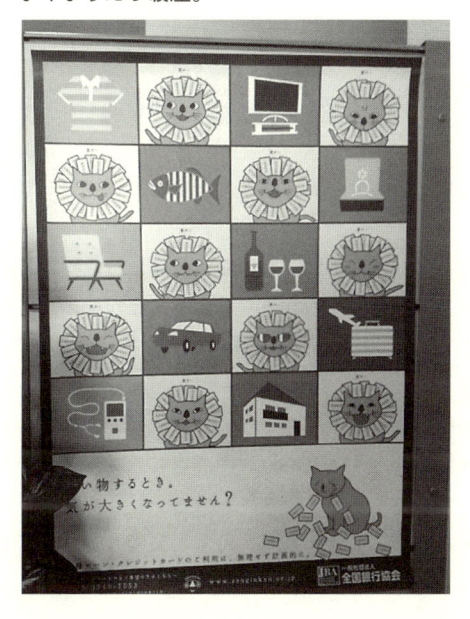

　全国銀行協会のポスターで使われているキャラクターに「カードＬＩＯＮ」というのがありますが、カードのタテガミを身にまとっているときはライオンのように気が大きくなり、いざカードがぱらぱらっと剥がれ落ちてしまうと、ただの猫になってしまって涙にくれるという姿そのままの生活をしているのが特徴です。

2）働かない
　元気で働ける状態なのに、勤労意欲が低く政府や自治体の保証や保護に関しての仕組みについて、そしてギャンブルだけにはやけに詳しい。家族そろって勤労意欲がないので当然子供も同じような生活を歩む。

3）うまい儲け話に騙される
　「必ず返すから」「絶対迷惑はかけない」という言葉だけを信じて、お金を貸したり保証人になったりする。常識はずれの高利回りを約束する投資、マルチ商法、ネットも含めたねずみ講まがいにすぐに引っかかる。宝くじが大好き。

お金とは何か

　数百億円の現金を持って、無人島でただひとり一生暮らすのは幸せでしょうか？
　20歳の若者に、80歳になるまでの60年間じーっと部屋にこもって誰とも接触しない（もちろんネットも含め）でいることができたら、その時には普通の生涯年収の10倍の現金を差し上げましょうと言ったらやりますか？

　お金とは、等価と思われるモノやサービス、時間といった何かと交換できる権利を国が補償したものと定義付けできます。

　見方を変えれば、モノ・サービス・時間と交換して手に入れるということもできるでしょう。

　何かを買うということは、それに支払ったお金を稼ぐのに必要な時間だけ、買ったものの奴隷となって働いていたことと同じです。

　クルマ・ファッション・アクセサリー・高級腕時計・贅沢品・嗜好品……必要でもないモノのために、自分の時間を奴隷として使っていませんか？

学生時代の私は、二度と取り戻せない貴重な若い時代の時間をモテようとして買ったケンメリの為に奴隷として使ってしまいました。

　時間は命です。

　命とは、生まれてから死ぬまでの時間の総和。

　必要のないものを手に入れるために、命と交換してしまったということです。

　遅まきながらその関係性に目覚め、お金の「奴隷」ではなく「主人」になるべく、目の前にあった「不動産投資」という古くからある伝統的な手法で仕組みを構築することにしたのです。
1．多分、自分は強運の持ち主だ⇒「きっとなんとかなるだろう」⇒「そのうえ手遅れにならないうちに気が付いて、しかも選んだ仕事がそのまま役に立つ！」
2．人は、いつ死ぬかわからない⇒「やりたいことは我慢しない」⇒「同時に、自分の時間をお金ごときと交換しないぞ」

　……パラダイムシフトです。

　ただ、自分自身で自戒していることがあります。

　投資を考えたとき、お金を目的にする人は多いですが、お金は道具にしかすぎません。また、不動産投資や投資物件もその道具を生み出す仕組みにしかすぎませんから、これも目的にする価値はないはずです。

　2,000万円の物件でする投資と2億円の物件でする投資は、得られる収入が大きくなる場合が多いと言えますが（そうでない場合があるのが不動産投資の奥深いところです）、比例して背負うリスクのボリュームも相対的に大きくなることを忘れないということです。

目的が、道具や仕組みの拡大にすり替わってしまったとたん、潜在的な、そして自分のコントロールできる範囲を大きく超えるリスクを知らずに背負うことになっている。自分が求めていることを満たす「お金」を得る仕組みは、そこまでしなくても、もう出来上がっているのに……。

　肝心なのは、その道具であるお金を使って、何をしたいのか？何が欲しいのか？

　「お金」は生き方そのものともいえます。

　トム・ハンクス主演の映画「フォレスト・ガンプ～一期一会～」は、知的障害を持つ主人公が、現代アメリカ史の渦中で目の前の出来事に真摯に向き合うことにより、社会的成功と人生の幸せを手に入れるストーリーですが、その中で忘れられないセリフがあります。
　「必要以上のお金は、人に見せびらかすためのお金になるとママが言っていた」。

　資産は小さな家と中古のフォルクスワーゲンのみ。ほかはすべて寄付してしまって、「世界で最も貧乏な大統領」と呼ばれるウルグアイ第40代大統領ムヒカ氏の、"先進国のとどまることを知らない資本主義の暴走が環境破壊の本質的な原因である"と論破した2012年リオ会議での発言。
　「貧乏なひととは、少ししかものを持っていない人ではなく、無限の欲があり、いくらあっても満足しない人のことだ」

　何をしたいのか、何が欲しいのかという原点なしに、前に進むと「お金」の深い森をどこまでもさまようことになります。

　そして、**自分の人生を価値あるものにする、かけがえのない神聖な「仕事」**を、モノの奴隷に貶めないためにも、「必要とするだけのお金を継続的に作り出す仕組み」を手に入れることが、人生をよりよく生きるうえで欠かせない要素だということです。

お金を目的としないのであれば仕事は何を目的とするのか、という問いには仕事によってもたらされる**「成長」**と、仕事を通してなしえる**「貢献」**とお答えするようにしています。それは自分の命を充てるのにふさわしい目的だと思っていますし、そのために仕事を磨き上げていくことはとても楽しいことです。

　仕事に取り組むそういった姿勢は、多くの場合受け取っている給与や売上げなど、仕事に対して支払われている対価に対しての価値が相対的に高くなりますので、意図せずとも過程のなかで適正に評価されバランスをとっていく＝収入が増加する…ということと理解しています。「仕事を一所懸命やっていれば、金はあとからついてくる」という先人の教えは、そういった仕組みのことを言っているんだと思います。

お金の流れをつかむ

1) 損益計算書（P/L）
1年間のお金の出入りを表す表

収入
支出

2) 貸借対照表（B/S）
資産状況を表す表

資産	負債

　お金の流れの基本は、1）損益計算書（P／L）と、2）貸借対照表（B／S）です。前者は、1年間のお金の出入りを表し、後者は資産状況を表します。

　『金持ち父さん貧乏父さん』（ロバート・キヨサキ著　筑摩書房）では、このシンプルかつ本質的な表を使って、お金の流れを端的に解説しています。

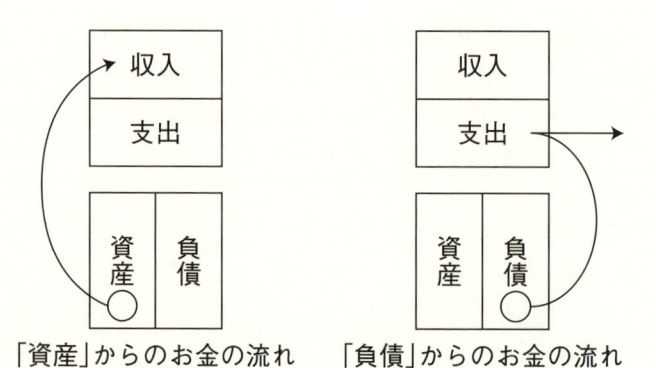

「資産」からのお金の流れ　　「負債」からのお金の流れ

　資産は、私のポケットにお金を入れてくれる。
　負債は、私のポケットからお金を取っていく。

　とても、わかり易いです。

　ここで、あらためて私のお金に関する人生をこの図を使って振り返ってみましょう。

私のお金に関する人生は……（少年期）

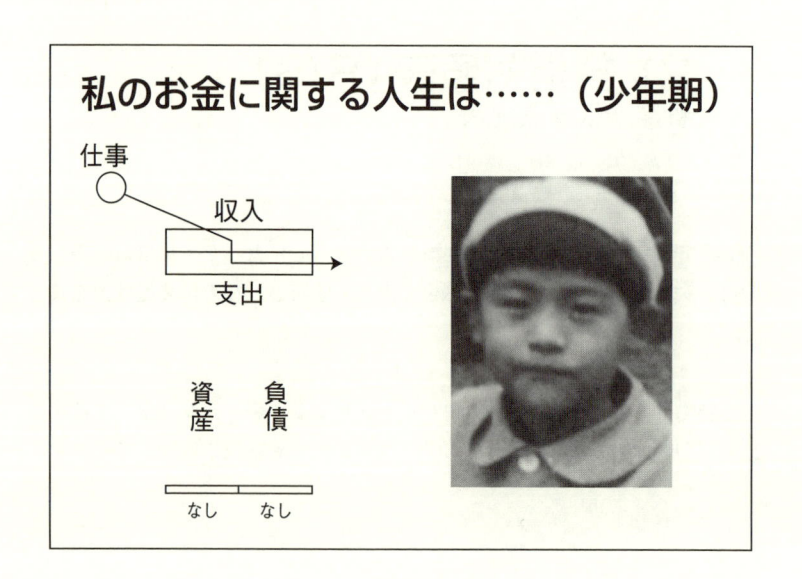

少年期においては、他の子供に比べるとかなりの稼ぎがありましたが、入ったお金はすべて使ってしまっていました。ただし、子供ですから、借金もありません。

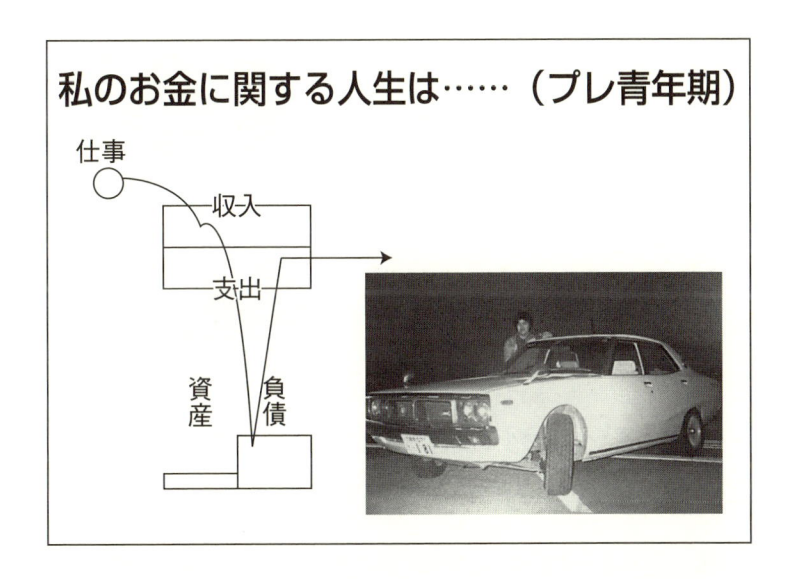

私のお金に関する人生は……（プレ青年期）

　プレ青年期は、さらに収入が増え、下手なサラリーマンよりも稼いでいましたが、よせばいいのに資産価値ゼロ、8年落ちのケンメリを借金で買って奴隷としての労働をするはめに。

私のお金に関する人生は……（青年期）

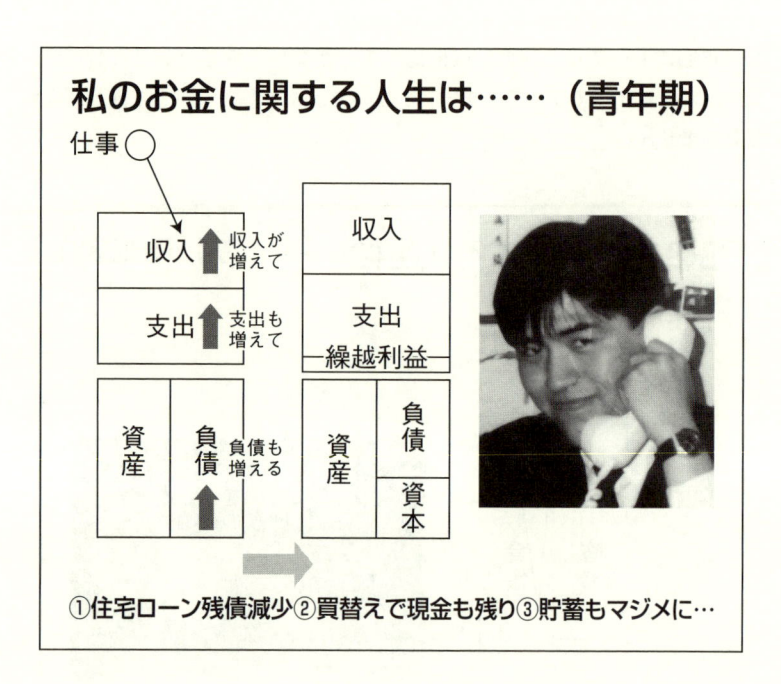

仕事

収入 ↑収入が増えて
支出 ↑支出も増えて
資産 負債 ↑負債も増える

収入
支出
繰越利益
資産 負債
資本

①住宅ローン残債減少②買替えで現金も残り③貯蓄もマジメに…

　青年期になると、学生時代とは比べ物にならないくらいの収入が入るようになりました。合わせて、貯蓄も真面目にする習慣がつき、毎月繰越利益が残るようになりました。また、**資産価値が安定した物件**を自宅としてチョイスしたことによって、住宅ローン返済が進むにつれて残債の減少に伴う資本蓄積が進みました。これが、２度の買替えで**現金も残るという顕在化**を実現しました。

私のお金に関する人生は……（現在）

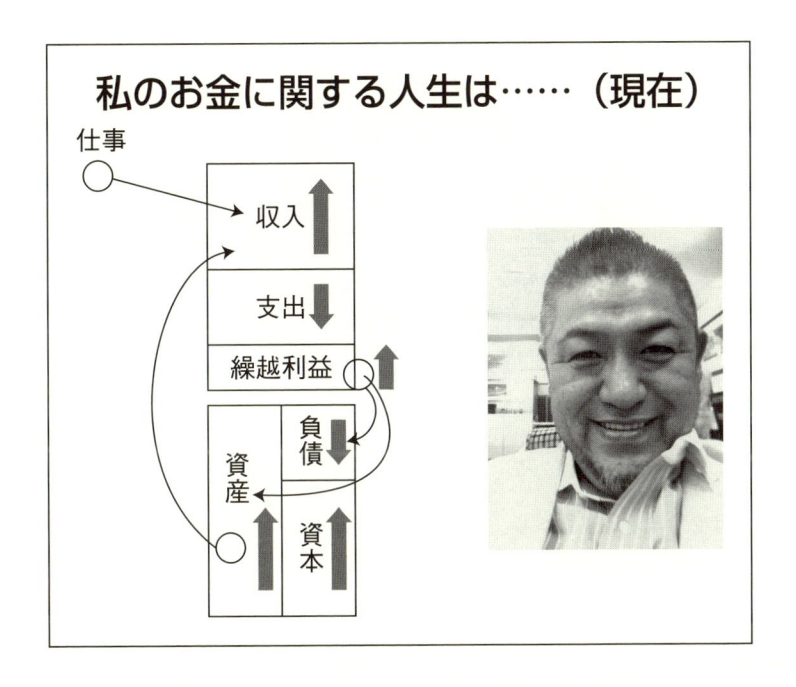

そして、現在はさらに収入が増えたうえに不動産投資からのキャッシュフローが加わり、住宅ローンのほかにもアパートローン（特に融資期間の短いもの）の元本返済が進み、資本蓄積が加速しています。

ロバート・キヨサキの2冊目の著書（彼の著作や彼自身については毀誉褒貶ありますが、お金に関しての思想書としては優れた本だと思います）ではキャッシュフロー・クワドラントという概念が紹介されています。

世の中のすべての仕事は、E：給与所得者、S：自営業者、B：ビジネスオーナー、I：投資家の四つに分類され、EとSは自らの労働で稼ぎ、BとIは仕組みで稼ぐというものです。

```
        労          仕
        働          組
        で   E  B   み
        稼  給与所得者 ビジネスオーナー で
        ぐ  自営業者  投資家   稼
        人   S  I   ぐ
                    人
```

　人は必ず年を取りますし、いつ病気や事故で働くことができなくなるかわかりません。会社や職を失うこともあるでしょう。

　労働で稼ぐE・Sのクワドラントにいる間に、B・Iクワドラントの仕組みを作っておくというのが自分の人生を守ることになります。

　そして、私のお金に関する人生を加速させた不動産投資は、その中でもいい仕組みであるということ、そしてその仕組みには特徴があり、様々な手法やルールがあるのに、それを知り活用している人が少ない……という観点から、本書『不動産投資の正体』あるいは前著の『誰も書かなかった不動産投資の出口戦略・組合せ戦略』を書きました。

　ぜひ、皆さんの人生を「お金と」うまく折り合いをつけながら素晴らしいものにしていただければと思います。

　本書を手に取っていただき、ありがとうございました。

2013年3月　猪俣　淳

参考:「お金」に関して影響を受けた本
　　『金持ち父さん貧乏父さん』(ロバート・キヨサキ　筑摩書房)
　　『金持ち父さんのキャッシュフロー・クワドラント』(同)
　　『バビロンの大富豪』(ジョージ・S・グレイソン　キングベアー出版)
　　『人生と財産』(本多静六　日本経営合理化協会)

「生き方」に関して影響を受けた本
　　『成功の実現』『盛大な人生』(中村天風　日本経営合理化協会)
　　『得する人』(無能唱元　日本経営合理化協会)
　　『生き方』(稲森和夫　サンマーク出版)
　　『7つの習慣』(スティーブ・R・コヴィー　キング・ベアー出版)
　　『5つの決定的瞬間』(D・H・グロバーグ　キング・ベアー出版)
　　『致知』(致知出版社)月刊誌

※90分間の無料コンサルを行っています。申し込みは㈱シー・エフ・ネッツ　企画開発室 kikaku@cfnets.co.jp

巻末特集
「誰も書かなかった不動産投資の
出口戦略・組合せ戦略」ダイジェスト

巻末特集
「誰も書かなかった不動産投資の出口戦略・組合せ戦略」ダイジェスト

　本書でも、随所で取り上げた前著。
　どんな内容が書かれているのかをダイジェスト版でご紹介します。すでに読まれた方は内容のおさらいを、まだの方はぜひ読んでみてください。

序章　不動産投資を取り巻く社会情勢

第1節　不動産投資論争
　「激安現金買い」と「フルローン＆ハイレバレッジ」。ふたつの代表的な投資手法の仕組みを、物件の特徴、金融機関の評価方法などいくつかの視点で解説しながらそれぞれの問題点を浮き彫りにします。

第2節　いろんな社会情勢が影響力を及ぼしあっている
　投資環境としての社会情勢を、「不動産市場の長期均衡四象限モデル」を使って解説します。「住宅ストック」と「賃料水準」の相関関係、「賃料」と「物件価格」の相関関係、物件価格と建築費が供給に及ぼす影響、人口増加や建物の長寿命化がストックに及ぼす影響など。
　好況／不況、景況感・キャップレート・インフレ／デフレといったキーワードをもとに分析・予想する方法について触れています。

第3節　投資家が陥りがちな失敗
　多くの不動産投資家、そして不動産投資をしようとしている皆さんが陥りがちなマインド面での失敗について警鐘を鳴らします。

第1章　私自身のポートフォリオと出口戦略

　ここでは、私自身が保有している実際の物件をもとに、「なぜその物件を選んだのか」「どのように投資を行っているのか」「今後はどうやって投資を展開していくつもりなのか」という切り口で、投資に必要な考え方や知識を具体的な数字や分析手法を使って紹介していきます。

第1節　最初のオンボロアパート
　築30年超の木造アパートの事例です。築古物件特有の投資手法の魅力、問題点、解決方法について触れています。ここでは、減価償却やデッドクロスのほか、耐震性・老朽化・立ち退きといった要素について解説しています。
１．古い物件でも大丈夫？
２．ほかに考えられる不安点は

第2節　「お助け物件」とポートフォリオ効果
　ここでは、前節の築古アパートの問題点を補完するために組み合わせた中古アパートの投資事例を使って「事業的規模」の考え方を、さらにその次に取得したスラム化した物件を再生して転売する「バリューアップ出口戦略」の事業モデルについての検証を。そして造成中の状態で取得した新築アパートの事例を使って「新築企画におけるマーケティングと設備投資の判断」について、数値的な判断基準をもとに解説します。
　最後に、難易度の最も高かった全空室・Cクラス立地の中古物件をもとに、情報が持ち込まれた段階から、市場分析を行い、方向性を決定して、大規模な資本改善をおこなった事例をもとに判断のトレースを行います。
１．キャッシュフローお助け物件パートⅠ〜事業的規模〜
２．売却益お助け物件パートⅠ〜資本改善と出口戦略〜
３．キャッシュフローお助け物件パートⅡ〜価格下落とＩＲＲ〜
４．売却益お助け物件パートⅡ〜マーケティングとバリューアップ〜

第2章　何のために投資をするのか？

　投資を進めていくうえで起こりがちな問題の中で、方向性を見失い意図したものと違う方向へ投資が向かってしまい、コントロール不能に陥るというものがあります。スタンスや、考え方、投資方針の策定に必要なポイントなどについて解説します。

第1節　投資を決定する三つの要因
第2節　「お金」の本質を忘れない

第3章　不動産投資とは何か？

　不動産投資特有の7つの魅力と5つの問題点について解説します。概念的なものにとどまらず、なぜそれがメリットでありデメリットであるかということについて計算式や図表を用いて理解を深めます。

第1節　不動産投資のメリット・デメリット
1．不動産投資のメリット
2．不動産投資のデメリット

第2節　不動産投資で大切な事はたったの三つ

第4章　投資分析を行う

　この章全体を通して、不動産投資を行う上で欠かすことのできない必須の基礎知識としての標準的な分析手法と、その適用方法を学びます。
　具体的な物件を検討する際、投資の内容を正しく数値化したのち諸々の分析にかけることによって、その投資はどの程度の効率をもたらすか、どの程度のリスク許容度を求められるか、あるいは投資として適格か不適格かということが顕在化できます。
　同様の分析を複数の検討物件に対し行うことによって、定量的に投資を比較したり、問題点を抽出したりといった作業が容易にできるようになります。

第1節　モノサシをそろえる
1．まず投資の総額を明確にする（エクイティとローンバランス）
2．本当はいくらで貸せるのかを明確にする（総潜在収入：GPI）

第2節　空室率を調べる・予想する
1．空室率の考え方

2．時点空室率
3．稼働空室率
4．賃料ベースの空室率
5．人口問題
6．誰をターゲットにするか
7．入居者の5分類
8．サブリースの問題点
9．「都市化」の影響
10．吸収（アブソープション）

第3節　雑収入・運営費
1．雑収入を得られないか？
2．運営費を拾い出す（Opex）
3．運営費（Opex）と修繕費（Capex）

第4節　営業純利益（NOI）は物件の本当の力
1．NOIを上昇させる不動産投資における4P理論
2．年間の元利金返済額（ADS）はいくらか？
3．ローンコンスタント（K％）というモノサシ
4．税引前のキャッシュフロー（BTCF）

第5節　効率性の判断をする
1．FCR（総収益率）
2．CCR（自己資本配当率）
3．PB（自己資本回収期間）
4．レバレッジ［判定］

第6節　安全性の判断をする
1．DCR（負債支払安全率）
2．BE％（損益分岐点）
3．LTV（ローン資産価値比率）

4．共同担保はいつできる
5．キャッシュフローシートの作り方

第5章　変幻自在な不動産投資を行うために

　第4章で学んだ投資分析を使った応用編です。分析によって明らかになった投資がすべてを満たしているケースはあまりなく、必ずといって良いほど何かしらのネガティブポイントを持っています。それを、カバーする有効な方法としてのポートフォリオ組成について第1節では学びます。新しい物件と古い物件、RC造と木造、都心と地方、一棟モノと区分所有。それぞれの投資の特徴と、組合せ方についてひとつひとつ取り上げ解説します。
　また、第2節では時間軸で見た投資内部の変化を数字と計算式で解説し、具体的な出口戦略の取り方、そして貨幣の時間的価値も踏まえた投資の全期間を通じた収益性を判断するIRR（内部収益率）について、第3節ではさらにその応用としての複利的な物件の増やし方について学びます。

第1節　ポートフォリオの組み方の基本的な考え方
1．お互いの欠点を補完し合う
2．相乗効果を狙う

第2節　出口（EXIT）戦略の取り方
第3節　複利的な物件の増やし方

第6章　なすべきことは何か？

　ここでは、投資家自身の目標を達成させるためにどの程度の規模の投資が必要か、どのように投資を展開させていくかという、ここまでで学んだ知識の使い方について触れます。また、具体的な投資対象としての物件が出た時に、いくらで買うかという計算をどのようにしていくかという思考のステップを段階ごとに解説していきます。

第1節　目標設定の仕方
1．FCR的な目標設定の仕方
2．CCR的な目標設定の仕方

第2節　妥当な購入価格はいくらか？

まとめ

　全編にわたる内容を、それぞれ6つのポイントと6つのステップにまとめて解説しています。

時代や市況の変化を味方につける不動産投資の進め方

誰も書かなかった
不動産投資の出口戦略・組合せ戦略

改訂版

不動産投資コンサルタント
CFネッツ ゼネラルマネージャー
猪俣 淳 CPM® 著

・キャッシュフローを助ける必勝のポートフォリオ戦略を伝授！
・効果的な資本改善策とバリューアップ法がわかる！
・投資の効率性や安全性の判断が身につく！

住宅新報社

大好評発売中!!　　定価（本体1,800円＋税）

著者紹介

猪俣　淳　Kiyoshi Inomata
株式会社シー・エフ・ネッツ　ゼネラルマネージャー
株式会社南青山建築工房　取締役
IREM-JAPAN（全米不動産管理協会日本支部）　理事
CCIM　Institute（米国認定不動産投資顧問協会）　会員
日本ファイナンシャルプランナーズ協会　会員

【保有資格】
一級建築士/CPM（米国認定不動産経営管理士）/同ファカルティ（講師）資格/同MPSA試験グレーダー（採点官）資格/CCIM（米国認定不動産投資顧問）/不動産コンサルティングマスター/日本ファイナンシャル・プランナーズ協会認定AFP/FP技能士/ハウジングライフプランナー/相続対策専門士/相続アドバイザー/不動産証券化協会認定マスター資格/不動産アナリスト/宅地建物取引主任者/賃貸不動産経営管理士/管理業務主任者/賃貸住宅査定申請主任者/貸金業務取扱主任者/防火管理責任者/住環境測定士補/損害保険リテール資格者/生命保険募集人資格者/住宅メンテナンス診断士/震災建築物応急危険度判定士……計24資格

【著　書】
『アパート大家さんになった12人のフツーの人々』
にじゅういち出版（2005年）
『不動産投資にまつわる100の話』
住宅新報社（2006年）
『誰も書かなかった不動産投資の出口戦略・組合せ戦略』
住宅新報社（2008年・2010年（改訂版））

■個別コンサルティング（初回無料）、講演・セミナー、執筆・取材の申し込みは下記へどうぞ！

株式会社シー・エフ・ネッツ　企画開発室
info@cfnets.co.jp
電話：045-832-7440
FAX：045-832-7452
〒234-0054　横浜市港南区港南台3-3-1　港南台214ビル4階

不動産投資の正体
ふどうさんとうし　しょうたい

2013年4月16日　初版発行
2013年5月2日　初版第2刷発行

著　者　猪俣　淳
　　　　いのまた　きよし
発行者　中野　孝仁
発行所　㈱住宅新報社

〒105-0001　東京都港区虎ノ門3-11-15（SVAX TTビル）
編集部　☎　(03)6403-7806
出版販売部　☎　(03)6403-7805

大阪支社　〒541-0046　大阪市中央区平野町1-8-13（平野町八千代ビル）☎　(06)6202-8541㈹

印刷／大村印刷
落丁本・乱丁本はお取り替えいたします。

Printed in Japan
ISBN978-4-7892-3590-7 C2030